C.-H. Ullrich
Training ohne Reue

Für die Mitarbeit an der Gestaltung dieses Buches danke ich besonders:

Herrn Dr. J. P. Ackermann – St. Moritz
Frau S. Blauth – Mettmann
Herrn Dr. K. Büttner – Bad Peterstal
Frau A. B. Czolbe – Duisburg
Frau T. Franken – Düsseldorf
Herrn M. Haase – Ratingen
Herrn Dr. J. Jerosch – Düsseldorf
Frau Chr. Krämer – Bochum
Herrn Prof. Dr. J. Krämer – Bochum
Herrn Prof. Dr. C. G. Nentwig – Duisburg
Frau A. Reinhardt – Heidelberg
Frau Nancy Selby – Dallas
Herrn Dr. D. Selby – Dallas
Herrn Dr. A. Urfer – St. Moritz
Herrn Dr. E. Weller – Dessau
Herrn J. Wentscher – Heiligenhaus
Herrn Dr. D. Windemuth – Duisburg

und meiner Frau Petra

C.-H. Ullrich

C.-H. Ullrich

Training ohne Reue

Das Trainingsbuch für jeden Sportler

Funktionsgerechte Gymnastik nach Rückenschule, Knieschule und Schulterschule

W. Zuckschwerdt Verlag München · Bern · Wien · San Francisco

Gestaltung der Titelseite: Volker Hilbel, München
Gestaltung der Grafiken im Innenteil: Jörg Wentscher, Heiligenhaus, unter wissenschaftlicher Beratung des Autors

Die Deutschen Bibliothek – CIP-Einheitsaufnahme

Ullrich, Carl-Heinz:
Training ohne Reue : das Trainingsbuch für jeden Sportler / C.-H. Ullrich.
– München ; Bern ; Wien ; San Francisco : Zuckschwerdt, 1991
ISBN 3-88603-416-X

Printed in Germany by Presse-Druck Augsburg

ISBN 3-88603-416-X

Vorwort

Sport war früher eine der schönsten Nebensachen der Welt. Heute ist Sport in allen zivilisierten Ländern der Erde in den gesellschaftspolitischen Mittelpunkt gerückt, wobei leider aber die gesundheitspolitischen Auswirkungen vielfach negativ sind. Dies pervertiert eigentlich den Gedanken des Sports, welcher in seinem tieferen Sinn nach gesundheitsfördernd sein sollte.

Weil häufig entweder falsch verstandene oder schon von der Konzeption her falsch erarbeitete Trainingsprogramme die Schuld für derartige negative Erfahrungen tragen, hat C.-H. Ullrich aus seiner langjährigen praktischen Erfahrung heraus dieses Trainingsbuch geschrieben – natürlich mit der Absicht, die Zahl der leidgeprüften Freizeit- und Leistungssportler zu verringern. Zweifelsohne ist der Informationsgehalt im vorliegenden Buch so hoch, daß ein jeder Sportler, ganz gleich wie groß sein sportspezifisches Trainingsprogramm ist, hierin ausreichend Anhaltspunkte für eine positive, gesundheitsfördernde Gestaltung des Trainingsablaufs findet. Inwieweit der Einzelne bereit ist, den Anleitungen zu folgen, wird natürlich von seiner persönlichen Einstellung zum Gesundheitswert des Sports für den eigenen Körper abhängen – Freizeitsportler dürften es da leichter haben!

Dem Aufruf zur Trainingssteuerung unter positiven Gesundheitsaspekten kann nicht genug beigepflichtet werden. Allein aus diesem Grund mußte ein derartiges Buch geschrieben werden. Es ist nur zu wünschen und zu hoffen, daß es den Weg zu den Sportlern, Trainern, Krankengymnasten und Ärzten findet, damit die gute Absicht, die damit verbunden ist, auch ihre praktischen Konsequenzen hat. Zahlreichen jungen, aber insbesondere auch älteren Menschen, die sich nach einigen schmerzhaften Versuchen enttäuscht vom Sport wieder abwenden, könnte hierdurch entscheidend geholfen werden, frei von Schmerzen ihren Körper zu trainieren. Somit wäre es dann wirklich ein Sportförderungsbuch für jedermann.

Prof. Dr. med. H. Hess
(betreuender Arzt der Deutschen Fußball-Nationalmannschaft)

Sport beeinflußt Ihr Leben positiv

Ina Teutenberg, Jugendweltmeisterin 1990

Inhalt

Einleitung

Ziel dieses Buches ist es, ausführliche Anleitungen und praktische Beispiele zu einem körperfunktionsgerechten Training gemäß den Regeln der Rücken-, Knie- und Schulterschule zu geben. Dabei stehen die Begriffe Rücken-, Knie- und Schulterschule für verhaltensmedizinische Programme, die der Vorbeugung von Rücken- und Gelenkbeschwerden sowie vorzeitigem Verschleiß dienen. Bei bereits eingetretenen Schäden sollen diese Programme Verschlimmerungen verhindern und die Prognose verbessern – unabhängig vom jeweiligen Ausmaß der vorhandenen Schäden. Grundlegende Informationen zu den Ursachen von Rücken-, Knie- oder Schulterbeschwerden sowie Tips für wirbelsäulengerechtes Verhalten im täglichen Leben können Sie meinen Informationsbroschüren zur Rücken-[1], Knie-[2] und Schulterschule[3] entnehmen. Die hier dargelegten Übungen gehen darüber hinaus, können aber praktisch von allen Personengruppen durchgeführt werden. Dabei ergänzen sich die einzelnen Übungen aus der Rücken-, Knie- und Schulterschule in idealer Weise.

Entlastungshaltung

Das Prinzip ist es, die Übungen möglichst aus einer Entlastungshaltung durchzuführen. Dies bedeutet Muskeltraining ohne schädliche Belastung für die Wirbelsäule und Gelenke.

Generell gilt: Je früher »wirbelsäulengerechtes« und »gelenkfreundliches« Verhalten einsetzt, desto größer sind die dauerhaften Erfolgsaussichten.
Oberstes Ziel ist dabei, Freude an diesem Verhalten zu gewinnen und besonders auch Spaß und Freude an der Sportausübung zu bekommen.

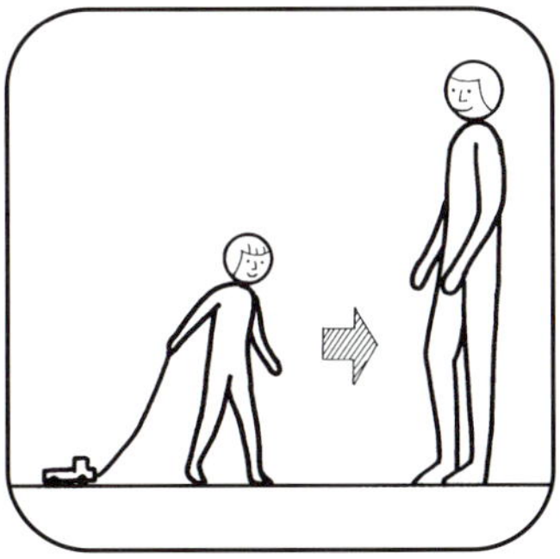

---

[1] »Rückenschule« – Patienteninformationsbroschüre, Medizinischer Service der Fa. Trommsdorff, Postfach 1420, 5110 Alsdorf

[2] »Knieschule« – Patienteninformationsbroschüre, Medizinischer Service der Fa. Brenner-Efeka, Postfach 88 08, 4400 Münster

[3] »Schulterschule« – Patienteninformationsbroschüre (in Vorbereitung)

Der Kern der verhaltensmedizinischen Programme von Rücken-, Knie- und Schulterschule lautet:

Einsicht durch Information und Training aufgrund dieser neugewonnenen Kenntnisse.

Der menschliche Körper ist eine komplexe Einrichtung, die als Ganzes angesehen werden muß. Häufig anzutreffende Denkweisen in Richtung isolierter, auf einzelne Gelenke und Muskeln bezogene Programme sind wenig geeignet, dem Körper wirklich zu helfen. Erfahrungen aus der Sportmedizin zeigen vielmehr, daß das Betrachten des Körpers als funktionelle Einheit entscheidend ist für die Zukunftsaussichten des einzelnen Menschen hinsichtlich vorzeitigem Verschleiß oder aber Steigerung der körperlichen Leistungsfähigkeit auf längere Zeit.

Das Befolgen einfacher Merksätze bringt mehr als komplizierte Trainingsregeln, die dann doch nicht richtig eingehalten werden.

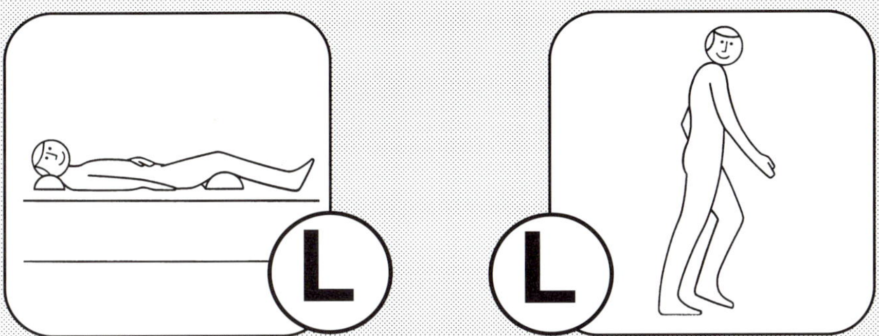

**Liegen und Laufen
ist besser als
Sitzen und Stehen**

Prävention

1. Primäre Prävention (Vorbeugung) als Trainingsziel

Die Übungsprogramme dienen in erster Linie zur Vorbeugung von Beschwerden. Bereits im Kindesalter sollte mit funktionsgerechtem Training begonnen werden – dies wird sicherlich helfen, viele weitgehend auf sportliche Aktivitäten zurückzuführende Beschwerden und Erkrankungen auf ein Mindestmaß zurückzuschrauben. Die Trainingsprogramme gelten für Gesundheits-, Breiten- und Leistungssportler. Unterschiedlich ist hier nur die Trainingsintensität.

Erweiterungen sind immer möglich und erwünscht. Wichtig ist jedoch, daß Training und Sportausübung, egal welcher Kategorie, nach den vorliegenden Prinzipien durchgeführt werden. Nur so ist gewährleistet, daß Training auch wirklich Stärkung des Körpers bedeutet und daß man später sagen kann: »Ich habe vernünftiges Training betrieben, ich habe gute Leistungen gebracht und ich habe mich fit gehalten«. Der heute in der Arztpraxis häufig gehörte Ausspruch: »Herr Doktor, ich habe mich kaputt trainiert« sollte wirklich der Vergangenheit angehören!

Training ohne Reue sollte unser Ziel sein!

Wir müssen uns endlich klar werden, daß viele Übungen, die schnell fit machen sollen, unseren Körper im Endeffekt kaputtmachen. Wenn sie wirklich kurzfristig eine enorme Leistungssteigerung bewirken, so ist bereits nach wenigen Jahren eine vorzeitige Gewebealterung mit entsprechenden Beschwerden festzustellen.

Natürlich werden sie allein durch Beachtung der Regeln der Rücken-, Knie- und Schulterschule und Durchführung eines entsprechenden Übungsprogramms nicht erreichen, daß Sie nie wieder Beschwerden bekommen – ein solcher Wunsch ist Illusion. Doch es ist bewiesen, daß dadurch Rücken- und Gelenkbeschwerden seltener auftreten, das Herz-Kreislauf-System gestärkt wird und Stoffwechselkrankheiten weniger häufig auftreten oder zumindest günstig beeinflußt werden.

2. Sekundäre Prävention (Linderung und erweiterte Vorbeugung) als Trainingsziel

Ein weiteres Ziel dieses Buches ist es, durch Verhalten und Training nach Rückenschule, Knieschule und Schulterschule Beschwerden zu lindern, gegebenenfalls eine Heilung zu beschleunigen sowie weiteren Verschleiß in Grenzen zu halten.
Die davon Betroffenen sollten Ihr Trainingsprogramm langsam steigern und sich dabei von Ihrem Arzt beraten lassen. Ab Seite .20 sind Trainingsprogramme dargestellt, deren Abfolge Sie mit Ihrem Arzt oder Trainer besprechen sollten.

Prävention ist die Verhütung von Krankheit und die Förderung von Gesundheit!

Was bedeutet nun das Eine und was das Andere?
Von Krankheit haben wir alle eine recht klare Vorstellung. Krankheiten sind zumeist klar definiert, die meisten Ursachen sind bekannt und die Krankheitsbilder sind beschrieben.

Bei der Gesundheit ist dies nicht so einfach. Viele denken zunächst daran: Gesund ist, was nicht krank ist. Sie betrachten Gesundheit als das Gegenteil von Krankheit. Dies bezeichnet aber immer nur einen momentanen Zustand. Besser wäre es, bei Gesundheit an einen längeren Zeitraum zu denken, währenddessen sich menschlicher Geist und Körper in einem Zustand befinden, der über die bloße Abwesenheit von Krankheit hinausgeht.
Der Gesunde ist durch einen Zustand des Wohlbefindens von Körper und Seele charakterisiert. Er nutzt die ihm von der Natur gegebenen Anlagen optimal aus und er verhält sich so, daß seinem Körper und Geist eine möglichst lange Periode gegönnt ist, in der dieser günstige Zustand anhält.

In der Prävention versucht man nun, ausgehend von den Erkentnissen der Wissenschaft über wichtige Krankheiten und Krankheitsursachen, diese zu verhüten, Erkrankungen nur in abgeschwächter Form zu bekommen oder einfach Erkrankungsfolgen in Grenzen zu halten.

Gesundheitsschädliche Einflüsse müssen ausgeschaltet oder möglichst klein gehalten werden. Der Einzelne braucht hierzu auch die Hilfe seiner Umgebung, der Gesellschaft und des Staates. Am Wichtigsten ist jedoch sein eigenes Verhalten. Die Selbsterkenntnis ist der erste Weg zur Besserung.

Nur selber essen macht fett, nur selber üben macht fit!

Im Gegensatz zur primären Prävention, durch die man verhindern möchte, daß es überhaupt zu einem Schaden oder einem vorzeitigem Verschleiß kommt, gilt die sekundäre Prävention für diejenigen Personen, die bereits einen Schaden erlitten haben.
Ist bereits ein Schaden eingetreten, dann ist es besonders wichtig, die Folgen für den Betroffenen in Grenzen zu halten.

3. Das Ziel der tertiären Prävention oder auch Rehabilitation ist die Wiedereingliederung des Patienten in seine berufliche und private Umgebung.

Ursachen von Schmerzen und vorzeitigem Verschleiß

Was ist Schmerz? Wie kommt es eigentlich zu Schmerzen?

Schmerz ist ein unangenehmes Sinnes- und Gefühlserlebnis, das mit aktueller oder potentieller Gewebsschädigung verknüpft ist oder mit Begriffen einer solchen Schädigung beschrieben wird.

Schmerzen treten auf, wenn Körpergewebe gereizt oder verletzt wird. Sie können akut (plötzlich, kurzzeitig) oder auch chronisch (anhaltend) sein. Schmerzen treten mitunter aber auch ohne pathologisches Substrat auf, d. h. unabhängig von irgendwelchen körperlichen Schmerzreizen. So können psychische Ursachen zu sogenannten seelischen Schmerzen führen, die vom Betroffenen genauso intensiv und real erlebt werden können wie organisch bedingte Schmerzen.

Beschwerden im Bereich des Skelettsystems, besonders im Rücken und im Bereich der großen Gelenke, sind zum einen entwicklungsgeschichtlich als Folgen des aufrechten Ganges anzusehen. Sie sind zum Teil auch anlagebedingt und hängen von der Qualität des jeweiligen Gelenkknorpels oder der Beschaffenheit der Bandscheiben ab, die die Natur jedem einzelnen Menschen gegeben hat. Zum andern hängen sie von der Art der Belastung ab.
Häufig werden diese Beschwerden, die

- Knorpel,
- Knochen,
- Bänder und Gelenke,
- Muskeln und Sehnen betreffen,

unter dem Sammelbegriff »Rheuma« zusammengefaßt. Eine einheitliche Krankheitsursache ist nicht bekannt.

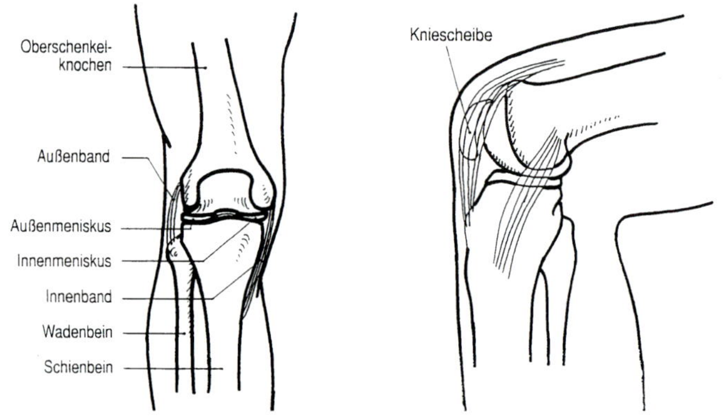

Auf die entzündlichen eigentlichen rheumatischen Erkrankungen möchte ich hier nicht eingehen, dies würde den Rahmen dieses Buches sprengen. Doch möchte ich zwei andere wichtige Erkrankungen aus dem rheumatischen Formenkreis näher erläutern:

1. die weichteilrheumatischen Beschwerden,
2. die degenerativen Beschwerden.

Ursachen der weichteilrheumatischen Beschwerden

Zu den Ursachen weichteilrheumatischer Beschwerden zählen Reizungen und Entzündungen von Muskeln, Bändern, Sehnen und Gelenkkapseln. Dies können aktivierte degenerative Vorgänge sein, ausgelöst durch verschiedenartigste Reize physikalischer oder chemischer Natur oder psychische Überlastung oder aber beides zusammen. Gerade psychosomatische Gründe werden zu ca. 40% als Ursache weichteilrheumatischer Beschwerden angesehen; die Halswirbelsäulensyndrome oder Nacken-Schulter-Syndrome sind gar zu über 70% überwiegend psychosomatisch bedingt!
Beschwerden verstärken sich meist in einer Art Teufelskreis (siehe unten).

Ursachen der degenerativen Beschwerden

Vorzeitige degenerative Vorgänge entstehen durch ein Mißverhältnis zwischen Belastung und Belastbarkeit von Knorpel und Bandscheiben . Im täglichen Leben sollte daher die physikalische Beanspruchung gut auf die individuelle Qualität von Knorpelsubstanz, Bandscheibenkern und Faserring abgestimmt sein.
Zur Vorbeugung und Behandlung der Beschwerdebilder rheumatischer und degenerativer Ursache sind die Verfahren der nachfolgend beschriebenen verhaltensmedizinischen Programme daher in idealer Weise geeignet.
Weitere Beschwerdeursachen können bestimmte Fehlformen des Skelettsystems

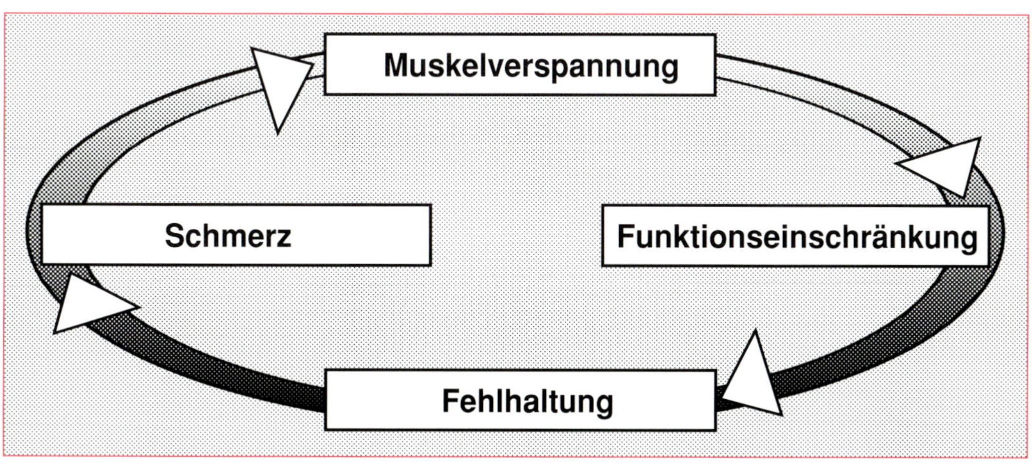

mit ungünstigen Belastungverhältnissen sein. Solche finden sich etwa bei verstärkten O-Beinen, X-Beinen, beim Knick-Platt-Spreizfuß oder beim Ballen-Hohlfuß (hier fehlen den höher liegenden Skelettanteilen und Gelenken die Dämpfungen, die ein gutes Fußgewölbe bewirkt). Auch erlittene Verletzungen können eine Ursache darstellen.

Hauptursache von Schmerzen und vorzeitigem Verschleiß sind aber ungünstige Haltungs- und Bewegungsformen.

Nicht zufällig lautet die erste Regel der Rückenschule und Knieschule

Du sollst Dich bewegen

Tatsächlich ist das hervorstechende Problem der Bevölkerung unserer heutigen Zivilisation der verstärkte Hohl-Rundrücken verbunden mit einer Rumpfmuskelschwäche. Die ständige Haltungskonstanz zum Beispiel beim langen Sitzen im Büro, Auto oder vor dem Fernseher, beim langen Stehen im Geschäft usw. bewirkt eine Verstärkung des normalen Hohl-Rundrückens. Der fehlende Trainingsreiz für die Muskulatur fördert die Rumpfmuskelschwäche: Man hängt sich in seine Wirbelgelenke ein.

Die Folge ist ein vorzeitiger Verschleiß. Ähnliches gilt für die übrigen Körpergelenke: Je schlechter die Muskulatur ist, desto stärker werden die Gelenke be- und überlastet und reagieren mit vorzeitigem Verschleiß.

Von internistischer Seite und aus sportmedizinischer Sicht wird seit vielen Jahren auf die günstige Auswirkung von leichter sportlicher Betätigung bzw. bereits einfacher Bewegungstherapie auf Stoffwechselkrankheiten, Bluthochdruck und Herzerkrankungen hingewiesen.

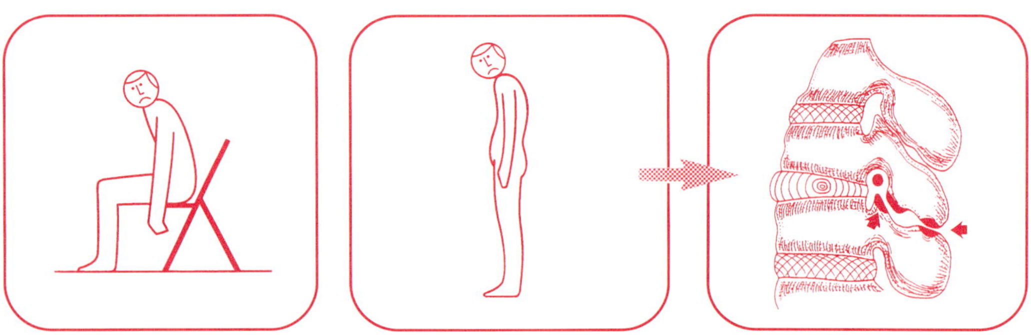

Bedeutung des körperlichen Trainings

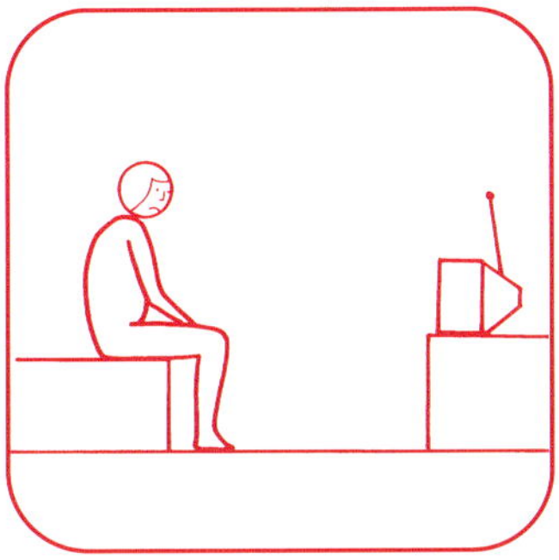

Laut Prof. W. Hollmann (einem der bekanntesten Sportmediziner der Nachkriegszeit) verstehen wir unter dem Begriff »Bewegungsmangel« eine muskuläre Beanspruchung, die permanent an der unteren Belastungsschwelle liegt, deren Überschreitung aber notwendig ist zum Erhalt oder der Vergrößerung der funktionellen Kapazität. Wichtig hierbei ist die Art der durchgeführten muskulären Beanspruchung im Beruf und im täglichen Leben.

Ein »Bewegungsmangel« wirkt sich jedoch nicht nur auf das Herz-Kreislauf-System negativ aus. Vielmehr kommt es durch statische Überlastung – häufig noch verbunden mit dynamischer Fehlbelastung – zu einem vorzeitigen Verschleiß im Bereich von Wirbelsäule und Gelenken. Millionen von Arbeitsstunden gehen der Volkswirtschaft dadurch jährlich verloren. Doch genauso wichtig ist die erhebliche Einschränkung im täglichen Leben der Betroffenen. Hier zeigen sich auch immer mehr psychologische Auswirkungen: Gewichtszunahme, Vereinsamung, Probleme mit der Umwelt, Probleme am Arbeitsplatz und in der Familie, »Hänseleien« durch Schulkameraden, Partnerprobleme und vieles mehr. Die verminderte Belastbarkeit bewirkt einen noch größeren Bewegungsmangel. Übergewicht ist oft die Folge; mitunter kommt es zu Komplexen. Chronische Schmerzen führen zur Gereiztheit mit entsprechend negativer Auswirkung auf Familie, Freunde und weitere Umwelt – der Teufelskreis schließt sich.

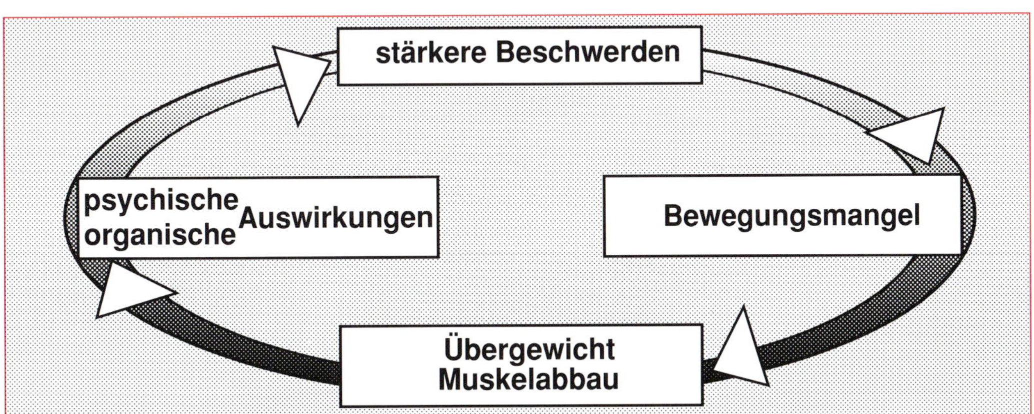

Immer häufiger sind es Jugendliche, die bereits Haltungsschäden aufweisen. Ihnen ist dann ein vorzeitiger Verschleiß vorprogrammiert. Aus zunächst harmlosen Haltungsfehlern werden irreparable Haltungsschäden. Zudem weisen Kinder und Jugendliche leider meist weniger Gesundheitsbewußtsein auf als ältere Menschen.

Verhaltensmedizinische Programme wie die Rückenschule, Knieschule und Schulterschule sollen helfen, beim Einzelnen so früh wie möglich eine Verhaltensänderung zu erreichen und dadurch seine weitere Entwicklung positiv zu beeinflussen. Mit diesen Verfahren können auch die zuvor beschriebenen schlimmen Teufelskreise durchbrochen werden.

Zur Erreichung dieses Ziels ist die aktive Mitarbeit der Betroffenen von entscheidender Bedeutung. Zwar können verhaltensmedizinische Programme wertvolle Informationen und Anleitungen geben. Doch Einsicht und Mut zur Verhaltensänderung muß jeder Betroffene letztlich selbst aufbringen.

Wir müssen weg vom Fango- und Massagedenken.

Wir müssen weg vom Denken: Laß den Arzt das für mich tun, laß die Krankengymnastin das für mich tun; ich habe wenig Zeit oder einfach zu wenig Lust.

Wir müssen mehr eigenverantwortlich denken!

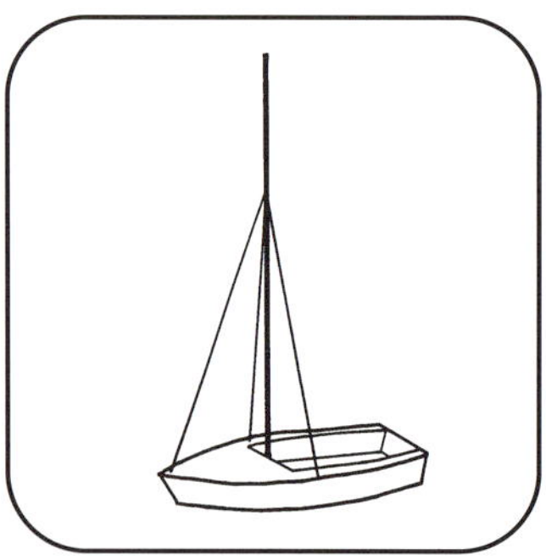

Eine gut ausgebildete Muskulatur ist praktisch der einzige Schutz für unsere Wirbelsäule und unsere Gelenke. Durch Fango und Massage, durch Spritzen und Medikamente wird unsere Muskulatur in keiner Weise gestärkt. Nur regelmäßiges Training bewirkt einen Muskelzuwachs bzw. einen Erhalt der Muskulatur.

Ohne Wanten und Stagen würde ein Bootsmast schnell umkippen.

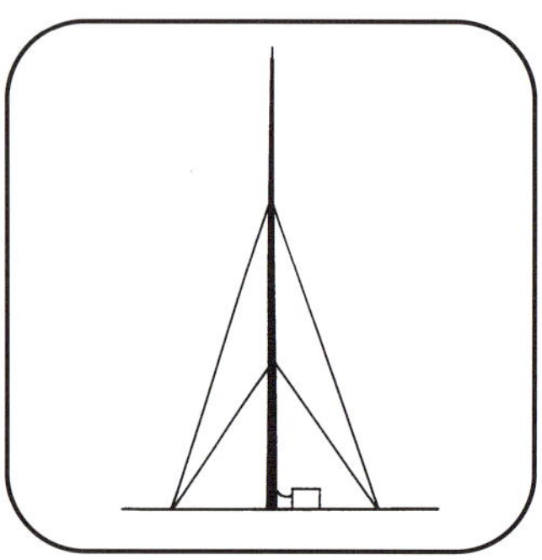

Ohne starke Sicherungsseile würde ein Fernsehmast nicht lange stehen können. Unser aufrechter Stand und Gang ist nur durch unsere Muskulatur möglich – tun Sie etwas dafür.

Ohne entsprechendes Training verliert ein Mensch im Laufe seines Lebens vom 20sten bis zum 70sten Lebensjahr durchschnittlich 30 – 40 % seiner Muskelmasse. Man darf nicht vergessen, daß die Muskulatur nicht nur für Haltung und Bewegung eine wichtige Rolle spielt sondern auch noch andere

Falk Römer, Zweiter Deutscher Meister 1984 im Body Building

wichtige Bedeutungen hat: Sie ist einerseits das größte Stoffwechselorgan des menschlichen Körpers und andererseits ist sie wichtig für die Atmung, die Verdauungstätigkeit, für den Abbau von Schwellungen oder Stauungen. Bewegungsmangel mindert die Ausbildung der Muskelmasse sowie die Fähigkeit zur Sauerstoffaufnahme.

Regelmäßiges Training

Die wahrscheinlich größte Bedeutung für den Abbau von Risikofaktoren für den menschlichen Organismus hat die Komponente Ausdauer. Sehr wichtig ist jedoch auch die Komponente Kraft, wenn man bedenkt, daß man mit einer guten Muskulatur auch bei ungünstigen Bewegungen das Skelettsystem teilweise schützen kann.

Auch Knorpel ist trainierbar. Durch dosierte rhythmische Belastung mit ausreichend langen Erholungspausen wird der Gelenkknorpel fester und widerstandsfähiger. Nach Verletzungen erholt sich das Gelenk eines gut trainierten Sportlers viel schneller als das eines Menschen, der sich überhaupt nicht sportlich betätigt.

Verhaltensmedizin

Die Ursache von Rücken-, Knie- oder Schulterbeschwerden sind entweder akute Geschehnisse wie Bandscheibenvorfall und Verletzungen oder langandauernde Verschleißprozesse an Wirbelsäule und Gelenken. In jedem Fall bleibt es vordringlichstes Ziel, den bestehenden Schaden in Grenzen zu halten und einen weiter fortschreitenden Verschleiß zu bremsen. Zudem soll die Heilung beschleunigt und ggf. der Körper durch entsprechenden Ausgleich in die Lage versetzt werden, mit dem bestehenden Schaden gut zurecht zu kommen. Es ist hierbei unerheblich, ob wegen der Schäden bereits eine Operation durchgeführt werden mußte oder nur konservativ (ohne Operation) behandelt wurde.

In der Rücken-, Knie- und Schulterschule sind in der Vergangenheit zahlreiche Studien und Pilotprojekte durchgeführt worden um zu prüfen, wie das oben beschriebene Ziel am besten zu erreichen ist. Aufgrund dieser Erfahrungen wurden Programme entwickelt und verbessert, die einen erheblichen Fortschritt für die Vorbeugung von Beschwerden und vorzeitigem Verschleiß bedeuten. Diese Programme stellen eine Hilfe zur Selbsthilfe dar. Sie können aber nur wirken, wenn die Teilnehmer aktiv mitmachen und Eigenverantwortlichkeit entwickeln.

Hilfe zur Selbsthilfe

Das tägliche Verhalten in Freizeit und Beruf hat einen ganz wesentlichen Einfluß auf Körper und Geist. Basierend auf diesen Erfahrungen hat sich die Verhaltensmedizin entwickelt. Verhaltensmedizinsche Betrachtungen, Untersuchungen und Therapieformen sind heute aus allen medizinischen Bereichen nicht mehr wegzudenken. Dies gilt besonders für die Sportmedizin. Jahrelanges Fehlverhalten bewirkt Schäden und vorzeitigen Verschleiß, günstiges Verhalten dagegen wirkt sich positiv auf Körper und Geist aus.

Zusammen mit Mitarbeitern der Mettmanner Rückenschule und dem Institut für Verhaltensmedizin der Universität Duisburg habe ich in den letzten Jahren mehrere verhaltensmedizinische Programme entwickelt, getestet und wende sie mit gutem Erfolg an. Von diesem Team sind besonders mein Freund Prof. Dr. Christian G. Nentwig zu nennen, mit dem ich seit Studienzeiten in dieser Richtung zusammenarbeite, sowie Frau Anne B. Czolbe und Herr Dirk Windemuth.

Zahlreiche verhaltensmedizinische Konzepte finden bereits breite Anwendung, wie die Rückenschule, Knieschule und die Schulterschule, aber auch Schmerzbewältigungsverfahren, Muskelentspannungstechniken und vieles mehr. Auf den den nachfolgenden Seiten wird Dirk Windemuth die verhaltensmedizinische Seite unserer Übungsprogramme erläutern.

Verhaltenstraining in Bewegungsschulprogrammen

Menschen beginnen neue Aktivitäten wie Sport zumeist mit großer Begeisterung. Doch steht der anfänglichen Begeisterung häufig schon nach kurzer Zeit ein rapider Verlust des Interesses gegenüber. Diese Erfahrung ist wohl jedem Menschen vertraut. Natürlich trifft sie auch auf einen Großteil derjenigen Patienten zu, die zur Beschleunigung ihrer Gesundung gymnastische Übungen durchführen sollen. Der anfängliche Ehrgeiz läßt nach, die Übungen werden nicht mehr regelmäßig ausgeführt.

In diesem Kapitel wird nun versucht, dieses Verhalten allgemein zu erklären. Ausgehend von den Erkenntnissen der Verhaltensmedizin werden Möglichkeiten abgeleitet, wie das Verhalten von Personen so verändert werden kann, daß sie ein Übungsprogramm regelmäßig durchführen und somit ihre Gesundung positiv beeinflussen.

1. Allgemeines Modell zur Erklärung von Verhalten

Die Chance, ein bestimmtes Verhalten zu erreichen, ist besonders groß, wenn dieses Verhalten kurz- und langfristig belohnt oder verstärkt wird. Eine Verstärkung kann positiv oder negativ sein. Unter positiver Verstärkung wird eine Belohnung verstanden, z. B. Lob, Freizeit oder materielle Belohnung. Von negativer Verstärkung wird gesprochen, wenn nach einem Verhalten ein unangenehmes Ereignis ausbleibt, wenn also z. B. durch bestimmte Körperbewegungen Schmerzen vermieden werden. Wenn jemand für ein Verhalten gelobt wird oder wenn er Schmerzen durch bestimmte Bewegungen vermeiden kann, dann wird er dieses Verhalten wahrscheinlich auch in Zukunft beibehalten.
Dagegen wird ein Verhalten wahrscheinlich

Ein Verhalten muß verstärkt werden, damit es erneut auftritt.

nicht gezeigt, wenn danach in der Regel eine Bestrafung erfolgt oder eine Belohnung ausbleibt. Eine Bestrafung können Knieschmerzen nach längerer Belastung des Gelenkes sein (z. B. nach einem längeren Spaziergang). Eine ausbleibende Belohnung kann beispielsweise ein unwirksames Sportprogramm zur Reduzierung der Schmerzen sein.

Eine Person wird lange Spaziergänge vermeiden, wenn sie danach Schmerzen bekommt. Und sie wird das Sportprogramm nicht durchführen, wenn die Belohnung – nämlich die Verringerung der Schmerzen – ausbleibt.

Ein Verhalten tritt selten auf, wenn es bestraft wird oder wenn eine Belohnung ausbleibt.

Die Konsequenzen, die ein bestimmtes Verhalten nach sich zieht, sind nicht immer sofort offensichtlich, sondern machen sich oft erst langfristig bemerkbar.
Sportliche Betätigungen etwa tragen langfristig zur Gesundheit und zum allgemeinen Wohlbefinden bei. Kurzfristige und langfristi-

ge Konsequenzen eines bestimmten Verhaltens sind häufig widersprüchlich. So kann direkt nach dem Verhalten eine Belohnung erfolgen, langfristig aber eine Bestrafung.

Die folgende Abbildung veranschaulicht vier mögliche Kombinationen kurzfristiger und langfristiger Konsequenzen auf ein Verhalten:

	kurzfristige Konsequenz	langfristige Konsequenz	Kombination
Verhalten	positiv	positiv	Nr. 1
	positiv	negativ	Nr. 2
	negativ	positiv	Nr. 3
	negativ	negativ	Nr. 4

Mögliche Kombinationen kurzfristiger und langfristiger Konsequenzen, die auf ein Verhalten folgen.

Im ersten Fall ist das erneute Auftreten eines bestimmten Verhaltens sehr wahrscheinlich. Sowohl kurz- als auch langfristig wird das Verhalten belohnt. Sportliche Betätigungen können kurzfristig Spaß machen und langfristig zur Gesundung beitragen. Ganz anders ist dies im vierten Fall: Das Verhalten wird jedesmal bestraft. Die Wahrscheinlichkeit, daß jemand sich wiederholt nach diesem Muster verhält, ist sehr gering. In den mittleren Kombinationen widersprechen sich kurz- und langfristige Verhaltensfolgen: Der unmittelbaren Belohnung folgt eine langfristige Bestrafung und umgekehrt. Der zweite Fall ist im Alltag häufig zu beobachten: Eine Person ißt, weil es ihr unmittelbar sehr gut schmeckt. Später ärgert sie sich aber über die Gewichtszunahme. Der dritte Fall dagegen ist ausgesprochen selten zu beobachten: Die Person ißt nicht, obwohl sie Hunger verspürt. Langfristig freut sie sich aber darüber, daß sie ihr Gewicht reduzieren konnte.

Diese einfachen Regeln reichen bereits aus, um das Verhalten von Patienten im Rahmen eines Behandlungsprogrammes zu erklären. Speziell ist hier die Regelmäßigkeit gemeint, mit der Patienten eigenständig gymnastische Übungen durchführen, die ihre Gesundung begünstigen. Die Erklärung des Verhaltens von Patienten erfolgt im nächsten Abschnitt. Daraus lassen sich auch einfache Möglichkeiten zur Veränderung des Verhaltens ableiten. Dies geschieht im dritten Abschnitt.

2. Bedeutung der Regelmäßigkeit der eigenständigen Durchführung gymnastischer Übungen

Patienten oder andere Personen, die ein Gymnastikprogramm zur Beschleunigung ihrer Gesundung beginnen, haben in der Regel anfangs viel Spaß daran. Die Übungen sind neu und, wie viele neue Dinge, sind sie somit auch interessant. Auch das Gefühl, selbst etwas für den Körper getan zu haben, bewirkt ein allgemeines Wohlbefinden.

Anfangs haben die Patienten sehr viel Spaß an der Durchführung eines Gymnastikprogramms, ...

Gymnastik wird kurze Zeit regelmäßig und mit großer Begeisterung durchgeführt. Dies kann mit den eben beschriebenen Regeln einfach erklärt werden: Das Durchführen der Übungen wird unmittelbar belohnt durch Wohlbefinden, durch Stolz auf die eigene Leistung und oft auch durch Anerkennung und Bewunderung durch andere Personen. Auch langfristig ist eine Belohnung zu erwarten (Gesundheit oder Gesundung, Fitness usw.).
Somit sind die Voraussetzungen dafür, daß das Verhalten erneut gezeigt wird, denkbar gut. Die Konsequenzen auf das durchgeführte Gymnastikprogramm sind mit der 1. Kombination in der Abbildung auf Seite 14 beschrieben. Oft ist aber schon nach wenigen Tagen zu bemerken, daß der Reiz des Neuen geringer wird. Das Durchführen gymnastischer Übungen wird nicht mehr unmittelbar belohnt. An die Stelle von Stolz und Wohlbefinden tritt Anstrengung und Unbehagen. Werden die Übungen dennoch durchgeführt, ist das Verhalten mit seinen Folgen mit dem dritten Modell in der Abbildung beschrieben: Kurzfristig erfolgen unangenehme, langfristig aber angenehme und belohnende Konsequenzen.

...nach einiger Zeit verschwindet der Reiz des Neuen, ...

Unter diesen Bedingungen wird das Verhalten in der Regel aber gar nicht mehr ausgeführt. Das Wissen um eine Belohnung in einiger Zeit reicht nicht aus, um die Unannehmlichkeit im Moment zu überwinden. Dann trifft das dritte Modell zu: Durch die Vernachlässigung der Übungen bleibt ein unmittelbar unangenehmes Erlebnis aus. Langfristig wird die Nachlässigkeit aber bestraft (Genesung, Wohlbefinden und Fitness bleiben aus).

... das Gymnastikprogramm wird nicht mehr durchgeführt.

3. Möglichkeiten zur Veränderung des Verhaltens

Das Ziel einer Verhaltensänderung muß darin bestehen, daß Patienten ihr gymnastisches Übungsprogramm regelmäßig durchführen. Das ist aber nur dann zu erwarten, wenn das Übungsverhalten kurz- und langfristig belohnt wird. Da die langfristigen Konsequenzen für die Gymnastik immer positiv sind, muß ein Programm zur Verhaltensänderung die unmittelbare, kurzfristige Konsequenz des Verhaltens verändern. Die beschriebenen negativen kurzfristigen Konsequenzen müssen durch positive Konsequenzen ersetzt werden. Um dies zu erreichen, stehen eine ganze Reihe von Möglichkeiten zur Verfügung. Im folgenden sollen nur zwei vorgestellt werden.

Zwei Möglichkeiten zur Veränderung von Verhalten

Beide Möglichkeiten ergänzen sich und sind so aufgebaut, daß sie von jedem Patienten selbst durchgeführt werden können.

Knie-schule

kniegerechtes Verhalten im Alltag

Schulter-schule

schultergerechtes Verhalten im Alltag

Systematische Selbstbeobachtung

Von systematischer Selbstbeobachtung wird gesprochen, wenn eine Person ihr eigenes Verhalten unter festgelegten Bedingungen beobachtet und über diese Beobachtungen Protokoll führt. Es muß vor Beginn der Beobachtung festgelegt werden, wie und wann welches Verhalten beobachtet wird. Im folgenden wird eine einfache Form der systematischen Selbstbeobachtung in der Knie- oder Schulterschule beschrieben.

Das Übungsprogramm besteht jeweils aus einer Anzahl von Übungen, die täglich durchgeführt werden sollen. Die Patienten werden aufgefordert aufzuschreiben, wie häufig sie jeden Tag die vorgegebenen Übungen tatsächlich durchgeführt haben. Zu diesem Zweck erhalten sie einen Bogen, mit dessen Hilfe das Verhalten vier Wochen lang protokolliert werden kann. Die Abbildung rechts zeigt einen Selbstbeobachtungsbogen aus der Knieschule.

Meist reicht bereits diese einfache Form der Selbstbeobachtung aus, um die Häufigkeit und Regelmäßigkeit zu verändern, mit der die Übungen durchgeführt werden.

Der Mechanismus, der hier eine Verhaltensänderung bewirkt, ist recht einfach: In der Regel wird nämlich der Protokollbogen vom Patienten selbst bewertet. Er erkennt z. B., daß er regelmäßig Übungen nachgegangen ist. Diese Selbstbewertung ist meistens verbunden mit einer Selbstverstärkung (z. B. Zufriedenheit mit der eigenen Leistung). Die Selbstverstärkung ist eine unmittelbar positive Konsequenz, die an die Stelle der negativen (Unbehagen) tritt. Statt des 3. Modells beschreibt nun das 1. Modell das Verhalten mit seinen Konsequenzen. Kurzfristig und langfristig erfolgen auf das gezeigte Übungsverhalten positive Verstärker. Dies ist eine optimale Voraussetzung dafür, daß das Verhalten wiederholt auftritt.

Persönlicher Kontrollbogen Knieschule zur Selbstkontrolle

	Übungen 1 bis 7 täglich							2mal pro Woche	Übungen 9 bis 15 je 1mal wöchentlich							2mal pro Woche
	Übung 1	Übung 2	Übung 3	Übung 4	Übung 5	Übung 6	7 sec Übung 7	Übung 8	Übung 9	Übung 10	Übung 11	Übung 12	Übung 13	Übung 14	Übung 15	Übung 16
Mo																
Di																
Mi																
Do																
Fr																
Sa																
So																

Beispiel eines Kontrollbogens

Selbstkontrolle

Selbstkontrolle wird in diesem Zusammenhang nicht alltagssprachlich im Sinne von Selbstdisziplin gebraucht. Mit ihr bezeichnet man vielmehr ein Programm, das Patienten selbst zur Veränderung ihres Verhaltens durchführen. Das Ziel entspricht dem der systematischen Selbstbeobachtung. In der Durchführung geht die Selbstkontrolle jedoch über die Selbstbeobachtung hinaus. Voraussetzung für jedes Selbstkontrollprogramm ist die systematische Selbstbeobachtung des zu verändernden Verhaltens. Nach der Selbstbeobachtung müssen Patienten festlegen, wie sie sich für das Erreichen eines gesetzten Zieles belohnen wollen. So könnten sie beispielsweise festlegen, daß sie etwas bestimmtes tun dürfen (z. B. einen Freund oder eine Freundin anrufen), wenn sie alle Übungen des Tages im vorgegebenen Ausmaß durchgeführt haben.

- **Ein Telefonat als Belohnung**
- **Ein Glas Wein**
- **Ein Kinobesuch**
- **Ein Kuß der (des) Angebeteten ...**

Wichtig ist, daß sie sich diese Belohnung unmittelbar nach dem gezeigten Verhalten und nur als Belohnung für das Verhalten geben und sonst nicht. Das Telefongespräch darf also nicht geführt werden, wenn das Übungsprogramm noch nicht absolviert ist.

Eine Veränderung des Verhaltens wird in diesem Fall wiederum dadurch erreicht, daß an die Stelle der unmittelbar negativen Konsequenz eine Belohnung tritt. Somit kann das Verhalten wieder mit Modell 4 (siehe die Abbildung auf Seite 14) beschrieben werden. Das bedeutet, daß die Wahrscheinlichkeit für die Durchführung des Gymnastikprogrammes größer wird.

Problematisch ist häufig die Beendigung des Selbstkontroll-Programmes: Fällt nach wenigen Wochen die Belohnung fort, wird auch sehr schnell das Verhalten selbst nicht mehr gezeigt. Das ist vergleichbar mit der Situation am Zigarettenautomaten: Sobald das Einwerfen von Geld nicht mehr mit dem Auswurf einer Schachtel Zigaretten belohnt wird, wird auch kein weiteres Geld mehr in den Automaten eingeworfen. Stattdessen wird vielleicht ein anderer Automat gesucht.

Dieser Effekt nach der Durchführung des Selbstkontrollprogrammes muß unbedingt vermieden werden. Auch danach muß das Gymnastikprogramm regelmäßig durchgeführt werden. Deshalb sollten die Patienten nach etwa der Hälfte des Selbstkontrollprogrammes damit beginnen, sich nicht mehr regelmäßig für das Verhalten zu belohnen.
Z. B. könnte eine Belohnung nur noch an jedem zweiten Tag oder an einem zuvor zufällig ausgewählten Tag gegeben werden. Nach und nach kann die Häufigkeit der Belohnungen weiter reduziert werden. Die Situation ist dann nicht mehr mit der am Zigarettenautomaten beschreibbar sondern eher mit dem an einem Spielautomaten: Auch dort wird Verhalten (das Einwerfen von Geldmünzen) nur unregelmäßig verstärkt. Das bewirkt bekanntlich, daß auch dann noch Geld in den Automaten eingeworfen wird, wenn keine Belohnung (Geldgewinn oder Glück) erfolgt.

4. Abschließende Bemerkungen

Selbstbeobachtung und Selbstkontrolle stellen Verfahren dar, mit deren Hilfe Verhalten verändert werden kann. In diesem Kapitel wurden beide Methoden nur kurz vorgestellt. Der Einsatz dieser Verfahren im Rahmen medizinischer Behandlung hat sich bislang bewährt. Sie stellen aber nur zwei von vielen Möglichkeiten dar, psychologisches Wissen in medizinische Behandlungsprogramme einzubauen.

Mit Hilfe beider Methoden ist es beispielsweise möglich, knieschädigendes Verhalten ab- und kniefreundliches Verhalten aufzubauen. Zur Durchführung dieser Programme sollte allerdings immer fachmännische Hilfe herangezogen werden.

Die Hilfe eines Fachmannes hinzuziehen!

Der interessierte Leser findet in den folgenden zwei Büchern detaillierte Angaben zur Durchführung von Selbstbeobachtungs- und Selbstkontrollprogrammen:

Teegen, F., Grundmann, A. und Röhrs, A. (1975) Sich ändern lernen. Anleitungen zur Selbsterfahrung und Verhaltensmodifikation. Reinbek: Rowohlt Taschenbuch.

Watson, D. und Tharp, R. (1984) Einübung in Selbstkontrolle. Grundlagen und Methoden der Verhaltensänderung. München: Pfeiffer (4. Auflage).

Auf- und Abwärmen

Bedeutung des Aufwärmens

Vor jeder sportlichen Betätigung sollte man sich zunächst aufwärmen. Dieses Verhalten gehört unabdingbar zum Sport. Nach jeder intensiven Sportausübung wärmen Sie sich ab, dies geschieht am besten mit Auslaufen und Dehnungsübungen.

Sinn des Aufwärmens

Richtiges Aufwärmen
- beugt Verletzungen vor,
- bereitet den Körper auf die sportliche Belastung vor,
- verringert mechanische Widerstände im Muskel,
- erhöht die Beweglichkeit der Muskeln durch die erreichte Muskelfaserverlängerung,
- erhöht die Gelenkmobilität, speziell Bänder und Kapseln profitieren davon,
- steigert die Durchblutung und den Stoffwechsel in der Muskulatur,
- wirkt anregend auf ökonomische Bewegungsabläufe und führt zu einer allgemeinen Leistungssteigerung.

Besonders Menschen, die während des Alltags längeren statischen Belastungen ausgesetzt sind, wie langes Sitzen oder langes Stehen, sollten sich auf keinen Fall plötzlich und unvorbereitet irgendwelchen sportlichen Belastungen aussetzen. Dies führt zwangsläufig zu Schäden!

Bereits das Hochspringen von Treppen kann eine Überbelastung für den Untrainierten sein.

Vergleichen Sie Ihren Körper mit einem Dieselmotor. Lassen Sie Ihn gut vorglühen, dann bringt er optimale Leistung bei maximaler Lebensdauer. Starten Sie ihn dagegen häufig kalt, wird er bald reparaturanfällig und verschlissen sein.

Einfache Übungsbeispiele zum Aufwärmen

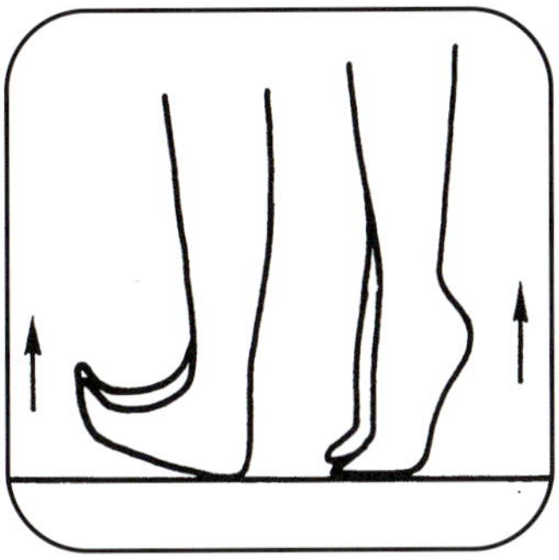

Abwechselnd auf Zehenspitzen und auf Fersen stellen.

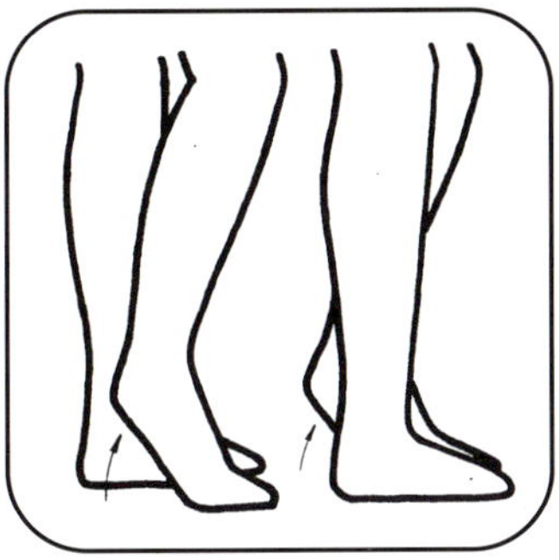

Auf der Stelle gehen, dabei die Knie immer höher nehmen und wieder absenken. Steigern Sie Ihre Geschwindigkeit bis zum Laufen auf der Stelle. Hierbei sollten Sie zu einem leichten Laufen und nicht zu einem Trampeln kommen.

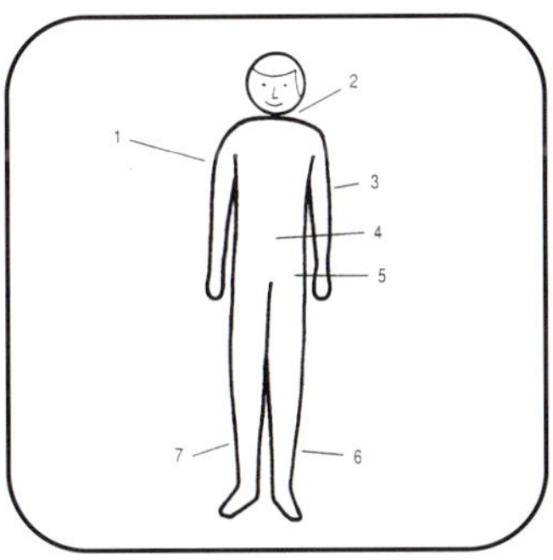

Anspannen verschiedener Muskelgruppen für jeweils 7 Sekunden, anschließend langsam entspannen. Beginnen Sie hierbei der Einfachheit halber mit dem rechten Arm (1), gehen über den Nacken (2) zum linken Arm (3), zu Bauch (4) und Pomuskeln (5), zum linken Bein (6) und enden mit dem rechten Bein (7).

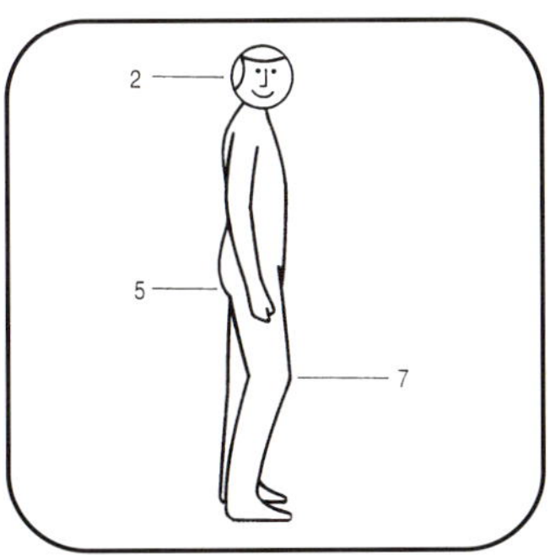

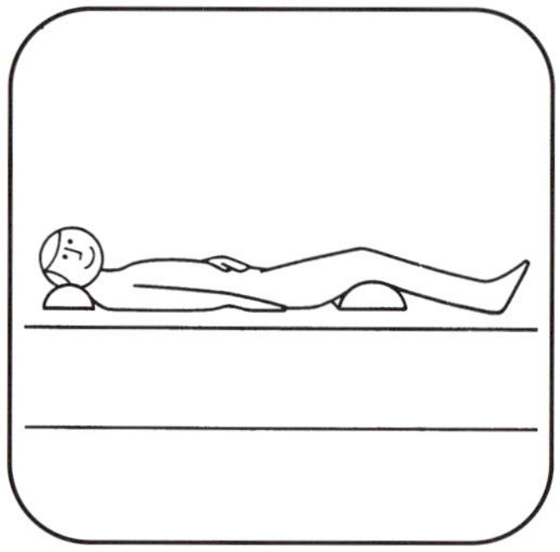

Spannen Sie für 7 Sekunden den ganzen Körper an. Sollten Sie dabei verspannen, führen Sie diese Übung in einer Entlastungshaltung im Liegen durch. Anschließend nehmen Sie zwei oder drei einfache Dehnungsübungen vor (siehe Kapitel »Dehnungsübungen«).

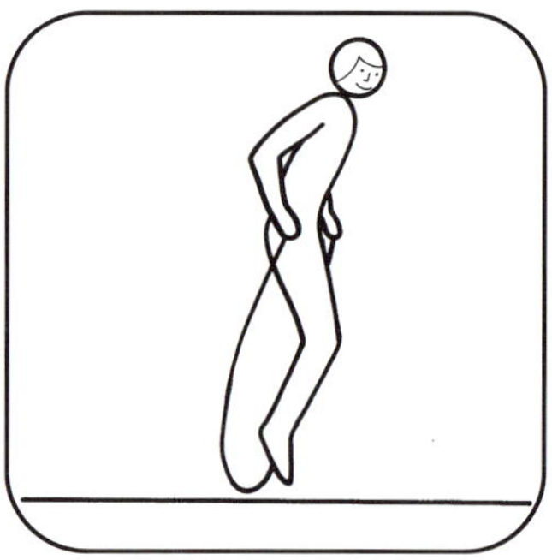

Seilchenspringen ist für den Fortgeschrittenen eine gute Möglichkeit, den Körper »vorglühen« zu lassen.

Zum Abwärmen gehören Dehnungsübungen speziell für die Schulter-, die Bein- und Rumpfmuskulatur (siehe Seite 46 f).

Abwärmen = locker (aus-)laufen und dehnen

Atemtechniken – Atmungstherapie

Richtiges Atmen will gelernt sein! Dies gilt für den Alltag – besonders aber für die Sportausübung.

Die Atmung verläuft normalerweise unabhängig vom bewußten Denken des Trainierenden. Aufgrund körperlicher Unterschiede und psychologischer Besonderheiten gibt es keine »Ideal-, Normal- oder Optimalatmung«, Atmung ist individuell. Der Konstitution angepaßt müssen wir erzielen,

- daß mühelos mit 10 – 16 Atemzügen pro Minute geatmet wird. Wenn jedoch bei geringer Belastung mehr als 22 Atemzüge pro Minute nötig sind oder Schweratmigkeit entsteht, ist spezielle Behandlung mit Übungen notwendig.
- daß fließend geatmet wird. Dies gelingt nicht bei Brustkorbveränderungen, Muskelstörungen, Reizzuständen an Wirbelsäule oder Rippen, entzündlichen Reaktionen im Brust- oder Bauchraum, bei Erkältungskrankheiten und Fieber, aber auch bei psychischem Fehlverhalten. Störungen sollten möglichst ursächlich beseitigt werden.
- daß die Atmung rhythmisch erfolgt. Dabei dauert die Ausatmungsphase geringzeitig länger als die Einatmung.
- daß die Atmung ergiebig und belastungsabhängig angepaßt erfolgt. Störungen können am leichtesten beseitigt werden, indem man Funktionsstörungen der Wirbelsäule oder Muskulatur beseitigt, die die Atmung behindern können.

Auch der Nichtfachmann kann die Atmungsfunktion beurteilen. Legen Sie ein Maßband um den Brustkorb. Bei der Ruheatmung soll er um mindestens 1 cm weiter werden, bei der Maximalatmung um mindesten 6 cm. Der Fachmann untersucht in 4 Ebenen die Rippenatembewegung, die Zwerchfellatmung und die Bauchatmung.

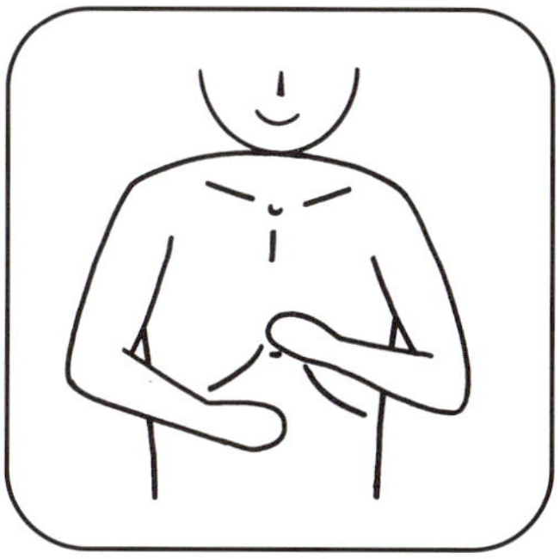

Als selbstzuerlernender Prüftest eignet sich das Anlegen einer Hand auf eine Brustkorbseite – die andere Hand versucht gegenseitig am oberen Bauch unter dem Rippenrand die ausreichende Atembeweglichkeit zu erfühlen.

Die Atmung hat eine Funktion für den Körper und die Körperhaltung, sportliches Training wiederum hat Auswirkungen auf die Atmungsorgane.
Partnerübungen sind wirkungssteigernd (evtl. auch mit musikalischer Untermalung). Über die Rhythmus-Harmonisierung werden die Atembewegungen gleichmäßiger, tiefer und langsamer, der Atemtiefenumfang wird vergrößert durch Dehnreize auf die Atemräume.

Übungsbeispiele

Hinter dem Rücken an den Händen gefaßt
- nach vorn lehnen mit gestrecktem Oberkörper.
- in die Hocke, langsam über Zwischenhalte, gehen.
- annähern und dabei die Arme seitlich hochführen.

Diese Übungen bewirken Dehnreize auf die Rücken-, vorwiegend jedoch die Brustmuskulatur und damit Atemreize.

Die Handflächen berühren sich großflächig,

- Arme seitwerts führen, hochheben oder absenken und dabei die Körper vorneigen.

Die Dehnungen werden atemrhythmisch durchgeführt, das heißt die Ausatmungsphase ist geringzeitig länger als die Einatmungsphase.

Mit den gefaßten Händen Widerstand geben – Zug und Druck atemrhythmisch wechselnd an den Händen geben.

Die atmungswirksame Dehnung des Brustkorbs und der Flanken werden schnell von den Übenden selbst empfunden.

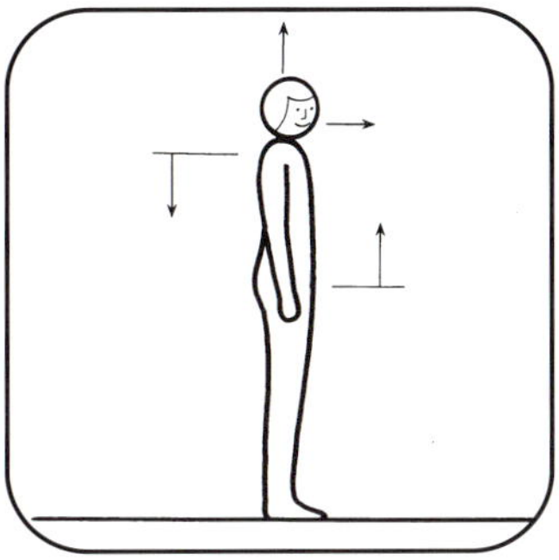

Für Alleinübende ist der aufrechte Stand, erzielt durch Buchauflegen auf den Scheitel, eine einfache, aber wirkungsvolle Hilfe für »gute« Haltung und freie Atemführung.

Beginn:

1. Grundstellung (Füße schulterbreit auseinander, Knie leicht gebeugt),
2. betonte Anspannung der Gesäßmuskulatur (Po zusammenkneifen),
3. sichtbares Hochkippen/Aufrichten des Beckens (durch Anspannen und Einziehen der Bauchmuskulatur).

   PAUSE – Wiederholung

4. Oberkörper hoch aufgerichtet (durch das Nach-oben-Drücken des Kopfes gegen das eigentlich nur als Merkzeichen aufliegende Buch – dabei die Schultern nicht hochziehen, sondern bewußt fallen lassen). Die Körperstreckung erfolgt in der Ausatmungsphase.

Beim langsamen Gang kann die aufrechte Haltung beibehalten werden – allerdings ohne Gesäßanspannung zur Harmonisierung des Gangbildes. Beim schnellen Gehen geht die aufrechte in eine vorgeneigte Haltung über, der Rücken bleibt dabei aber weiterhin gerade.

Dehnübungen im Liegen sind sehr atmungswirksam! Die Dehnreize auf die Brustwandgewebe wirken beweglichkeitsbessernd und anregend zur Tiefatmung. Einatmen und Ausatmen bewirken eine wechselnde Beugung und Streckung der Wirbelsäule. Eine betonte Atmung in bestimmten Segmenten oder Regionen vermag Beweglichkeitsbehinderungen oder Blockierungen der Rippen und der Segmente der Brustwirbelsäule zu beheben.

Die eigentliche Atemschulung bedarf genauer Untersuchung durch den Arzt und Physiotherapeuten (Atemtherapeuten) und bedient sich verschiedener (neurophysiologisch begründbarer) Methoden. Diese von Patienten mit Atemstörungen angewendeten »Tricks« können trainierende Gesunde ausnutzen, um nach hoher Trainingsanstrengung mit resultierender Kurzatmigkeit wieder zur ruhigeren Tiefatmung zu finden.

Als Faustregel beim Sport gilt:

In der Entspannungsphase einatmen, in der Anspannungsphase ausatmen. Sollten Sie mit der Technik des Atmens beim Sport – speziell bei Anspannungsübungen – noch nicht so vertraut sein, versuchen Sie einen kleinen Trick: Zählen Sie langsam bis 7, während Sie die Muskulatur anspannen.

Kräftigungsübungen

Kraft ist eine der 5 Hauptbeanspruchungsformen des Körpers:

Ausdauer – Beweglichkeit (Gelenkigkeit oder Flexibilität) – Kraft – Koordination (Technik) – Schnelligkeit

Der Sportinteressierte, der sich allgemein fit halten möchte, kann sich weitgehend auf die Stabilisierung und Steigerung von Kraft, Ausdauer und Beweglichkeit konzentrieren. Für Sportler mit höheren Ambitionen gehören diese drei Komponenten in ihr Basistraining. Für sie gilt es darüber hinaus, je nach Sportart noch zusätzlich Schnelligkeit, Beweglichkeit und/oder Koordination gezielt zu verbessern.

Anspannungs- und Kräftigungsübungen (statische Arbeit)

Das Prinzip dieser Trainingsform beruht auf einer Spannungsentwicklung der Muskulatur. Eine Kraftzunahme erreichen Sie nur, wenn Sie die Muskeln mit mehr als 30% der Maximalkraft anspannen. Dabei ist der Maximaleffekt mit einer Trainingskraft von 30 – 70% zu erzielen. Unterhalb einer Anspannung von 20% der Maximalkraft nimmt dagegen die Muskulatur ab.

Der Trainingseffekt ist zudem abhängig von der Trainingshäufigkeit. Ein Reiz mit Trainingseffekt ist durch das Ansteigen der Herzfrequenz auf etwa 150 bis 160 Schläge pro Minute charakterisiert.

Tägliche Übungen mit Muskelanspannung für ca. 7 Sekunden mit 60 – 70% der Maximalkraft bringen ein Optimum an Kraftzuwachs.

Durchführung:
Sie spannen einzelne oder mehrere Muskelgruppen 7 Sekunden an und entspannen dann für 10 Sekunden. Achten Sie auf Ihre Atmung: In der Entspannungsphase atmen Sie ein, in der Anspannungsphase atmen Sie langsam aus.
Das An- und Entspannen sollte immer langsam und ohne ruckartige Bewegungen durchgeführt werden.

7
Sekunden

Diese Zeit wird benötigt, um einen Trainingseffekt zu erreichen

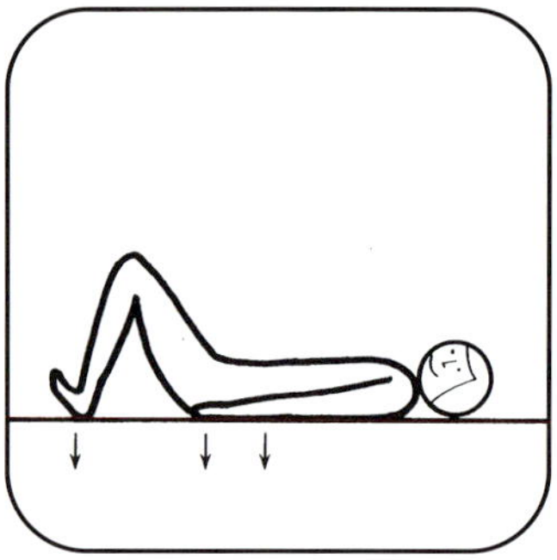

Übung 1
Legen Sie sich hin. Winkeln Sie dann die Knie an und drücken Sie die Fersen fest in den Boden. Spannen Sie das Gesäß an, indem Sie kräftig die Pobacken zusammenpressen. Ziehen Sie dann den Bauch fest ein und drücken Sie die Lendenwirbelsäule gegen die Unterlage (Grundposition). Haben Sie alle Muskeln angespannt, halten Sie diese Spannung 7 Sekunden lang.
Trainiert werden: Gesäß- und Bauchmuskeln

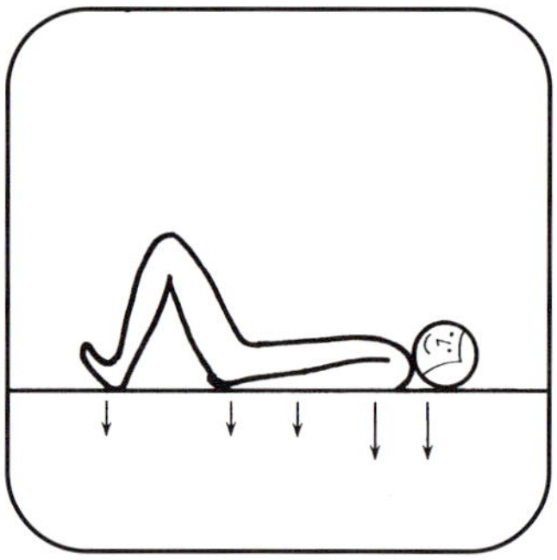

Übung 2
Gleiche Grundposition und Grundspannung wie in Übung 1. Drücken Sie nun die Halswirbelsäule gegen die Unterlage. Pressen Sie die Schulterblätter und zusätzlich die Arme nach unten, wobei die Handflächen nach oben zeigen.
Trainiert werden: Gesäß-, Bauchmuskeln, Schulterblattmuskulatur

Übung 3
Winkeln Sie die Knie an. Heben Sie dann den Kopf von der Unterlage nach vorne hoch und halten ihn 7 Sekunden lang in dieser Position. Legen Sie ihn dann wieder zurück auf die Unterlage (diese Übung sollte fünfmal durchgeführt werden). Nun heben Sie den Kopf wieder nach vorne hoch – Sie verspüren einen deutlichen Spannungzuwachs in der Halsmuskulatur. Drehen Sie den Kopf in dieser Stellung vorsichtig nach links bis zum Anschlag und wieder zurück zur Mitte, dann nach rechts zum Anschlag und wieder zurück zur Mitte, anschließend wieder den Kopf langsam zurücklegen. (Diese Übung sollte fünfmal durchgeführt werden – achten Sie bei allen Übungen auf eine gleichmäßige Atmung.)
Trainiert werden: Nackenmuskeln

Führen Sie keine Übungen mit nach hinten überstrecktem Kopf oder mit einem Rundumkreisen durch.

Übung 4
Beugen Sie die Knie. Stemmen Sie die Fersen in den Boden. Halten Sie die Arme leicht angewinkelt seitlich über der Unterlage und versuchen Sie mit dem Oberkörper etwas hochzukommen, indem Sie den Bauch maximal einziehen – bis zum zittern. Halten Sie diese Spannung für 7 Sekunden und legen Sie sich langsam wieder zurück.
Diese wichtige Übung führen Sie wie auch die drei folgenden jeweils zehnmal durch.
Trainiert werden: Waden- und Bauchmuskeln

Übung 5
Aus der gleichen Grundposition heben Sie den Oberkörper leicht hoch und drücken mit angewinkelten Ellbogen und nach hinten gestreckten Handgelenken in Richtung Knie.
Trainiert werden: Gerade Bauchmuskeln

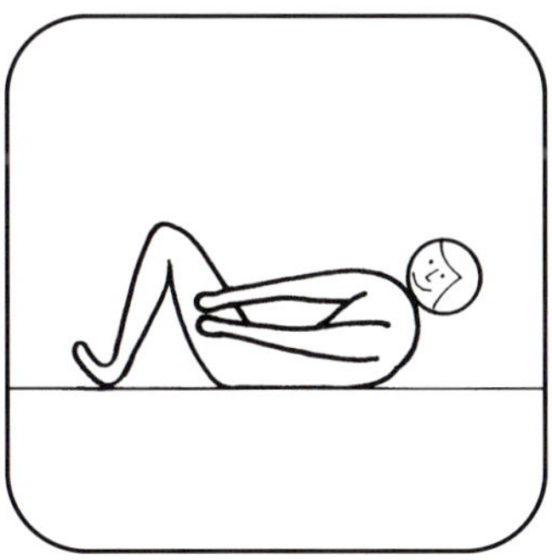

Übung 6
Aus der gleichen Grundposition heben Sie den Oberkörper zehnmal in Richtung linkes Knie hoch und anschließend zehnmal in Richtung rechtes Knie.
Trainiert werden: Schräge Bauchmuskeln

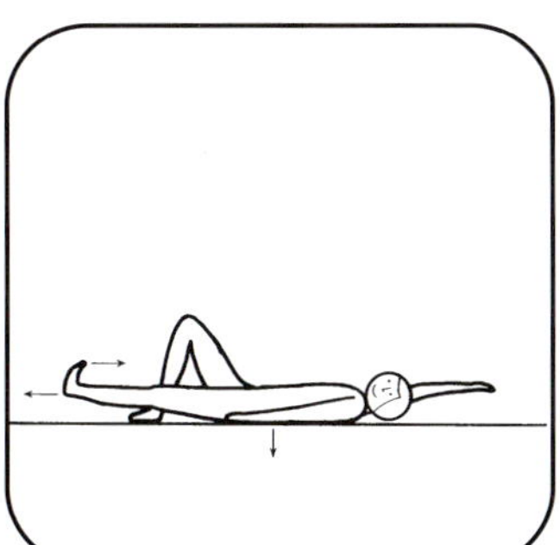

Übung 7
Aus der Grundposition das linke Bein und den rechten Arm maximal strecken. Ziehen Sie dabei die Zehen zu sich heran und beugen Sie die Hand im Handgelenk soweit wie möglich nach hinten. Anschließend das Gleiche auf der Gegenseite. Den Bauch dabei einziehen und so die Lendenwirbelsäule gegen den Boden drücken.
Trainiert werden: Bauchmuskeln

Durch üben auf einem Würfel ist der Bewegungsausschlag minimal, das bedeutet eine geringe Belastung für die Wirbelsäule.

Übung 8a
Sie legen die Unterschenkel auf einen Schaumgummiwürfel, Hocker oder Stuhl. Ein zusammengerolltes Handtuch dient als Kopfstütze. Drücken Sie die Lendenwirbelsäule durch »Einziehen des Bauches« fest gegen die Unterlage.
7 Sekunden halten – Übung mindestens 3x wiederholen.
Trainiert werden: Bauchmuskeln

Übung 8b
Sie liegen in gleicher Ausgangsposition und drücken für 7 Sekunden die Unterschenkel gegen die Unterlage, das Gesäß hebt so etwas ab.
Trainiert werden: Muskeln der Oberschenkelrückseite und der Waden

Übung 8c
Gleiche Ausgangsposition. Sie heben für 7 Sekunden den Kopf und Oberkörper leicht an, die Arme werden zunächst nach vorne gestreckt, dann schräg nach vorn rechts und schräg nach vorn links.
Trainiert werden: Gerade und schräge Bauchmuskeln, vordere Schulter-Hals-Muskulatur

Übung 8d
Beide Knie gegen beide Hände drücken. Hände zunächst parallel, dann rechte Hand gegen linken Oberschenkel und linke Hand gegen rechten Oberschenkel.
Trainiert werden: Muskulatur der Oberschenkelvorderseite, gerade und schräge Bauchmuskeln, vordere Schulter-Hals-Muskulatur

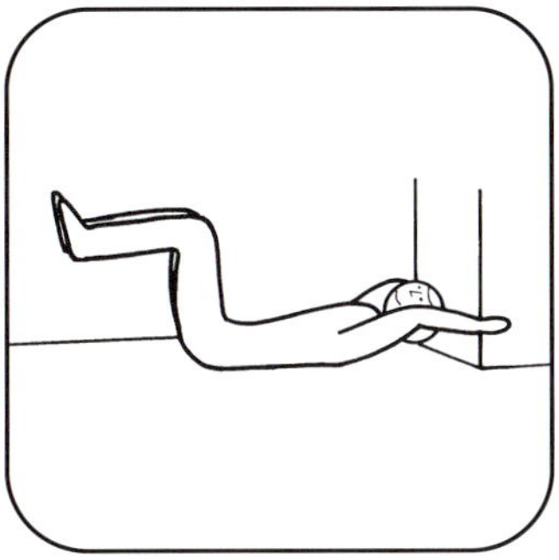

Übung 8e:
In Rückenlage halten Sie sich mit beiden Händen an einem Tisch o.ä. fest. Beugen Sie die Hüften und die Knie, als ob Sie einen Würfel vor sich hätten. Versuchen Sie jetzt langsam das Becken anzuheben. Diese Übung ist auch gut mit einem Partner durchzuführen, der für die Arme Haltestellung bietet.
Trainiert werden: Bauchmuskeln

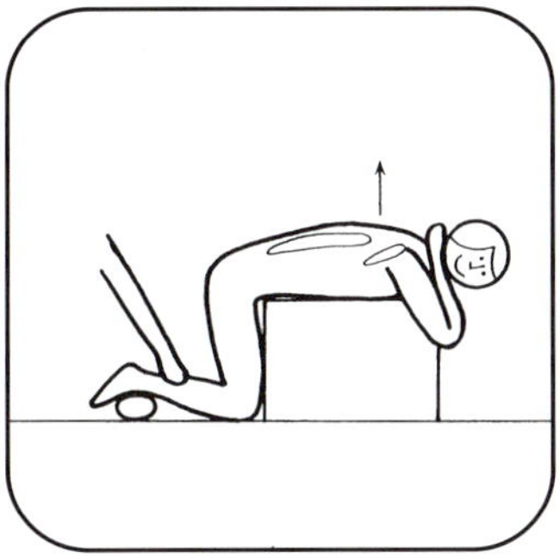

Übung 9a
Sie legen den Oberkörper flach auf die Unterlage, die Arme sind hinter dem Kopf verschränkt, das zusammengerollte Handtuch oder ein Kissen liegt unter den Füßen.
Heben Sie nun Kopf und Oberkörper geringfügig von der Unterlage ab. Erst gerade hoch, dann den Oberkörper etwas nach rechts und hoch, dann etwas nach links und hoch. Falls ein Partner zugegen ist, kann dieser die Unterschenkel zu Boden drücken.
Trainiert werden: Rückenstreckermuskeln, hintere Schulter-Hals-Muskulatur

Übung 9b
Gleiche Ausgangsposition. Die Unterschenkel und Knie werden etwas von der Unterlage angehoben, mit dem Oberkörper rücken Sie zum Gewichtsausgleich weit nach vorne.
Trainiert werden: Wadenmuskulatur, hintere Oberschenkelmuskulatur, Gesäßmuskulatur, Rückenstreckermuskulatur, hintere Schulter-Hals-Muskulatur

Übung 10

Nehmen Sie den Vierfüßlerstand ein, so daß die Unterschenkel hüftbreit parallel liegen, stützen Sie die Hände schulterbreit auf (Oberschenkel und die Arme senkrecht nach unten) und halten Sie den Kopf in Verlängerung der Wirbelsäule. Spannen Sie dann Bauch- und Gesäßmuskeln an.

Trainiert werden: Bauch- und Gesäßmuskulatur

Übung 11

Nehmen Sie den Vierfüßlerstand ein. Halten Sie aber dabei den Rücken gerade. Spannen Sie den Bauch und das Gesäß an – Blick zwischen die Hände. Schieben Sie einen Arm langsam nach vorne und heben ihn bis in die Waagerechte an. Halten Sie die Wirbelsäule – besonders im Lendenwirbelsäulenbereich – gerade. Führen Sie nun den Arm langsam wieder nach unten, ohne den Rücken zu bewegen. Wiederholen Sie die Übung mit dem anderen Arm.

Trainiert werden: Bauch-, Gesäß-, Schultergürtelmuskulatur, Rückenstrecker

Übung 12

Nehmen Sie den Vierfüßlerstand ein. Halten Sie dabei den Rücken gerade. Schieben Sie nun ein Bein langsam nach hinten , strecken Sie es und heben es höchstens bis zur Waagerechten an. Spannen Sie den Lendenbereich an und ziehen Sie den Bauch ein. Führen Sie dann das ausgestreckte Bein wieder zurück, ohne den Rücken zu bewegen. Wiederholen Sie diese Übung anschließend mit dem anderen Bein.

Trainiert werden: Bauch- und Gesäßmuskeln, Rückenstrecker

Übung 13

Nehmen Sie den Vierfüßlerstand ein und halten Sie dabei den Rücken gerade. Schieben Sie den rechten Arm langsam nach vorne, gleichzeitig das linke Bein langsam nach hinten. Spannen Sie dann von der Ferse über den Rücken bis zum Handgelenk die Muskulatur an. Drücken Sie dabei den Lendenbereich nach oben, damit kein Hohlkreuz entsteht. Wiederholen Sie diese Übung mit dem linken Arm und dem rechten Bein.

Trainiert werden: Bauch- und Gesäßmuskeln, Rückenstrecker

Übung 14

Nehmen Sie wiederum den Vierfüßlerstand ein. Legen Sie das Kinn auf das Brustbein und wölben Sie die Wirbelsäule rund nach oben. Spannen Sie dann die Gesäßmuskulatur an und lösen Sie sie anschließend wieder langsam.

Mobilisation der Wirbelsäule

Übung 15

Legen Sie das Kinn nochmals auf das Brustbein. Machen Sie die Wirbelsäule rund und setzen Sie sich mit rundem Rücken nach hinten ab. Beugen Sie die Arme und bleiben Sie kurz so liegen.

Dehnung der Rückenmuskulatur

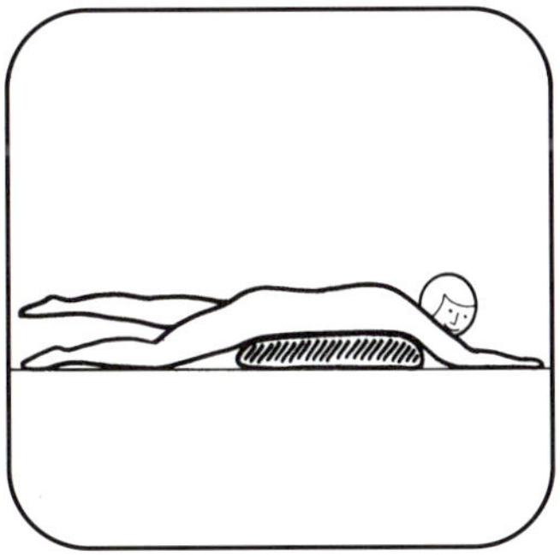

Übung 16a

Legen Sie sich mit dem Bauch auf ein großes Kissen. Heben Sie dann das linke Bein, bis es mit dem Rücken eine gerade Linie bildet. Wiederholung mit dem rechten Bein.

Trainiert werden: Gesäß-, Rückenstreckermuskulatur

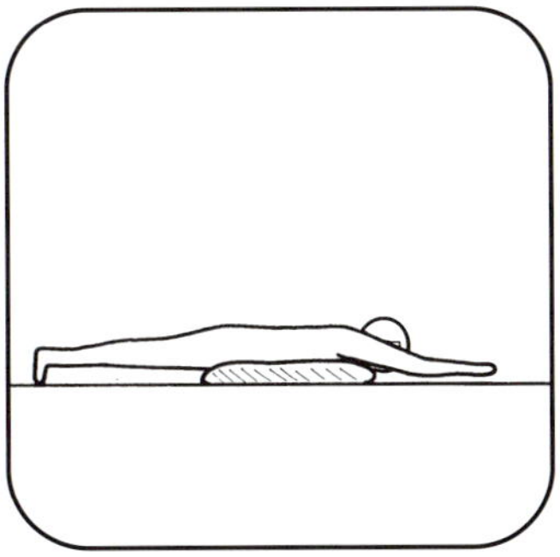

Übung 16b

Stützen Sie die gestreckten Beine auf Ihren Fußspitzen ab – jeweils so weit, bis der Körper insgesamt eine gerade Linie bildet (10x). Der Übungseffekt wird verstärkt, wenn Sie dabei leicht die angewinkelten Arme vom Boden abheben.

Trainiert werden: Schulterblattmuskulatur, Gesäß- und Rückenmuskulatur

Übung 17a

Spannen Sie den Körper in Liegestützposition an. Achten Sie darauf, daß die Lendenwirbelsäule dabei nicht absinkt sondern der Rücken gerade gehalten wird.

Trainiert werden: Schulter- und Oberarmmuskulatur, Bauchmuskeln, Rückenmuskulatur

Übung 17b

Sie verstärken die Anspannungsübung, wenn Sie nun ein Bein etwas vom Boden abheben – achten Sie auf eine gerade Rückenhaltung! So stärken Sie besonders Ihren Schultergürtel.

Trainiert werden: Gesäßmuskulatur, Muskeln der Oberschenkelvorderseite des Stützbeines, Rücken-, Schulter- und Oberarmmuskulatur

Übung 18

Ausgangsposition: Stützen Sie sich auf beiden Händen ab, dabei sind die Ellbogen leicht gebeugt. In der Übungsphase heben und senken Sie den Rumpf, ohne dabei ins Hohlkreuz zu fallen.

Trainiert werden: Gesäßmuskeln, Schultergürtel- und Rückenmuskulatur

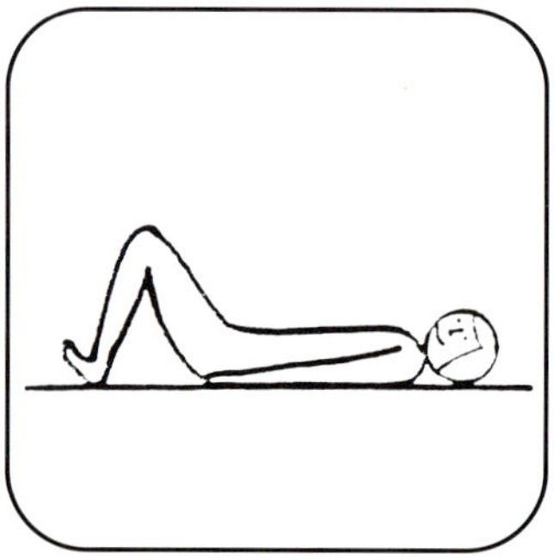

Übung 19a

Grundposition in Rückenlage. Ziehen Sie den Bauch ein und drücken Sie die Lendenwirbelsäule nach unten.

Trainiert werden: Bauchmuskeln

Übung 19b
Heben Sie nun das Becken ab, bis die Oberschenkel und der Oberkörper eine Linie bilden.
Sie können die Übung verstärken, wenn Sie die Fersen in den Boden stemmen und die Zehen zu sich hochziehen.
Trainiert werden: Gesäßmuskulatur und Muskulatur der Oberschenkelrückseite

Übung 19c
Ziehen Sie jetzt mit beiden Händen erst das rechte Knie und danach das linke Knie zu sich heran, ohne dabei umzukippen. Der Rücken bleibt gerade.
Trainiert werden: Rumpfstabilisierung und zusätzlich das gesamte Stützbein und Gesäß

Übung 20a
Stützen Sie sich in Rückenlage auf den Unterarmen ab. Winkeln Sie das linke Knie an und heben Sie das gestreckte und maximal nach innen gedrehte rechte Bein langsam hoch. Senken Sie es nach 7 Sekunden wieder ab. Führen Sie die gleiche Übung anschließend mit dem linken Bein durch – halten Sie bei diesen Übungen die Grundspannung in der Bauchmuskulatur. Nun lockern Sie sich wieder.
Trainiert werden: Bauch- und Beinmuskulatur

Übung 20b
Stützen Sie sich wieder in Rückenlage auf den Unterarmen ab. Heben Sie das Becken, bis Oberkörper und Oberschenkel eine gerade Linie bilden. Strecken Sie zunächst das rechte Bein in Verlängerung dieser Linie, dann das Linke.
Trainiert werden: Rumpfstabilisierung und die gesamte Beinmuskulatur

Übung 21
Heben Sie – auf der Seite liegend – das linke Bein an und senken es wieder ab.
Trainiert werden: Gesäßmuskeln

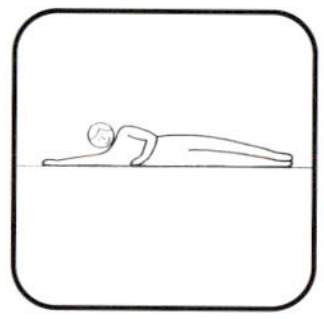

Übung 21a
Heben Sie – auf der Seite liegend – beide Beine nach oben.
Trainiert werden: Becken- und rumpfstabilisierende Muskulatur

Übung 22
Beim »klassischen« Liegestütz achten Sie darauf, im Becken nicht einzuknicken. Wenn das Becken absinkt, kann der Schultergürtel nicht mehr stabilisiert werden.

Trainiert werden: Schultergürtelmuskulatur, Armmuskeln, Rumpfmuskulatur

Übung 23
In Seitenlage stützen Sie sich auf den im Ellbogen gebeugten Armen ab. Strecken Sie nun die Arme, ohne dabei mit dem Becken einzuknicken. Der Körper soll sich während der Übung in einer Linie befinden.

Trainiert werden: Rumpf- und Armmuskulatur

Übung 24
In Seitenlage stützen Sie sich auf dem linken Unterarm ab. Bei ausreichender Ausgangskraft kann die Stützhilfe des oberen Armes wegfallen. Heben Sie das Becken hoch, bis sich der

Körper in einer Geraden befindet. Strecken Sie nun den Stützarm.

Trainiert werden: Stabilisation des gesamten Rumpfes

Übung 25
Schwieriger wird die Übung 24, wenn Sie sich auf dem leicht gebeugten Ellbogen abstützen und zusätzlich noch das obere Bein abheben. Als weitere Steigerung strecken Sie den Stützarm.

Trainiert wird: Stabilisation für den gesamten Rumpf

Übung 26
Stützen Sie sich auf beiden Unterarmen ab. Legen Sie das rechte Knie und den rechten Unterschenkel auf den Boden und strecken Sie das linke Bein in die Luft, so daß es mit dem Rücken eine gerade Linie bildet. Beugen Sie nun das linke Knie bis 90° und strecken es wieder. Achten Sie darauf, daß der Rücken dabei nicht aus seiner geraden Linie fällt.

Trainiert werden: Stabilisation des Standbeines, Rumpfmuskulatur

Übung 27
Sprungschritte: Springen Sie zunächst auf das linke Bein. Halten Sie das Knie stabil und kommen Sie kontrolliert auf, ohne zu wackeln. Hüfte und Knie des Standbeines sind dabei leicht gebeugt, der Rücken bleibt gerade. Anschließend springen Sie auf das rechte Bein. Führen Sie beide Übungen je 5x durch.

Diese Übung ist eine ideale Gleichgewichtsschulung und ein gutes Beinmuskeltraining

Stemmübungen

Trainiert werden: Stabilisation für den gesamten Rumpf

Übung 28a
Grundposition Stand, das heißt: Die Füße stehen schulterbreit auseinander, die Knie sind leicht gebeugt, der Bauch wird eingezogen und der Rücken damit gerade gehalten.
Mit angewinkelten Ellbogen versuchen Sie »die Decke« wegzudrücken.

Übung 28b
In der Grundstellung versuchen Sie nun, »eine Mauer vor Ihnen« wegzudrücken.

Übung 28c
Drücken Sie »2 Mauern« zur Seite weg.

Übung 28d
In der Grundstellung drücken Sie mit wiederum gebeugten Ellbogen den »Boden« nach unten weg.

Stemmübungen zur Rumpfstabilisation; Andrea Steil, Mitarbeiterin meiner Praxis

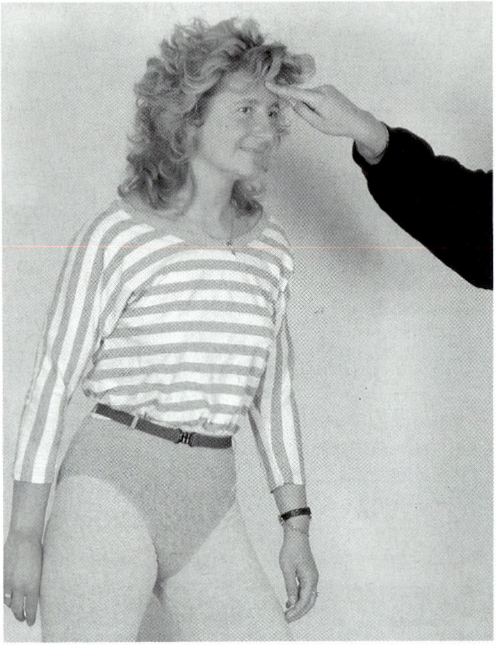

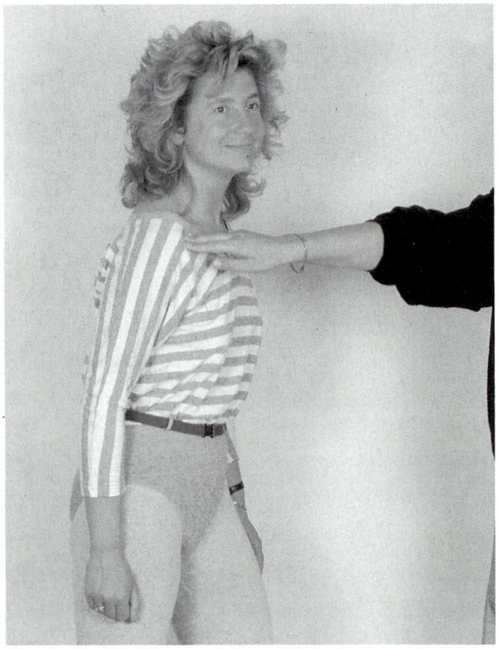

Impulsübungen zur Körperschulung, vorgeführt von Petra Ullrich

Partnerübungen

Impulsübungen 29
Das Prinzip dieser Übungen ist folgendes: Eine Person steht in der Ausgangsposition »Grundstellung«. Eine 2. Person übt mit den Händen einen leichten Druck an verschiedenen Körperstellen der anderen Person aus. Diese hält jeweils an dieser Stelle eine leichte Spannung dagegen (siehe Photos links).

Der Druck geht von den Handinnenflächen aus, der Partner bildet einen »Haltewiderstand«.
Impulsübungen sind ein hervorragendes Training zur Körperbeherrschung.

Zunächst wird gleichmäßig von vorne oder hinten oder von rechts oder links ausgeübt – später wechselnde Druckausübung von verschiedenen Seiten.

Übung 30
Aus der Ausgangsstellung Fersensitz bringen Sie den Oberkörper in die Waagrechte und strecken die Arme nach vorne. Diese Position kann meist nicht gehalten werden, daher sollte ein Partner Hilfestellung geben. Er hält die Füße der übenden Person auf dem Boden, diese kann jetzt ihren Oberkörper bei gerader Wirbelsäule nach vorne absenken. Erschwert wird diese Übung, wenn die Hände im Nacken gehalten werden.
Trainiert werden: Rücken- und Beckenmuskulatur

Die folgenden Ubungen dienen der Kräftigung der unteren Halswirbelsäule

Übung 31a
Halten Sie den Kopf in einer Mittelstellung. Nehmen Sie zuerst Ihre Hand an das Kinn und drücken Sie dann mit dem Kopf gegen die Hand, ohne jedoch eine Bewegung auszuführen. Die Hand hat nur eine Haltefunktion.

Übung 31b
Nehmen Sie nun Ihre rechte Hand an die rechte Wange und drücken Sie mit dem Kopf nach rechts gegen die Hand. Wiederholen Sie die Übung anschließend mit der linken Hand entsprechend.

Übung 31c
Verschränken Sie beide Hände hinter den Nacken und pressen Sie dann den Kopf gegen die Hände. Die Ellbogen sind dabei nach hinten gestreckt.

Übungen für die obere Halswirbelsäule

Übung 32 a, b, c
Da es bei den Übungen für die obere Halswirbelsäule zu deutlich größeren Hebelwirkungen kommt, sollten vor ihrer Durchführung zunächst immer Übungen für die untere Halswirbelsäule vorgeschaltet werden.
Führen Sie die zuvor aufgezeigten Übungen jetzt durch, indem Sie eine Hand auf die Stirn legen, bzw. oben an die Kopfseiten und an den Hinterkopf.

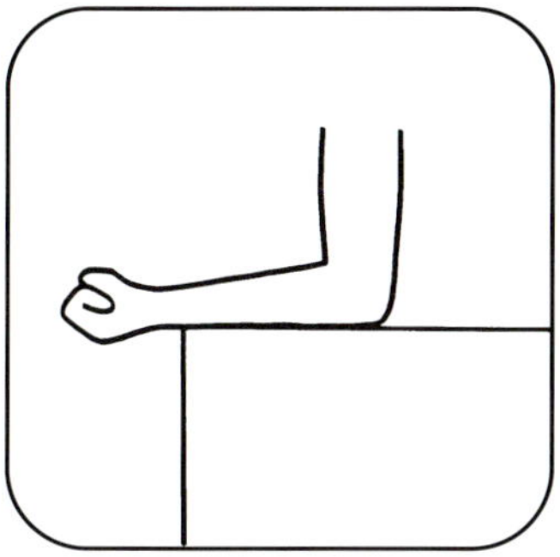

Training der Unterarme und Handgelenke

Übung 33

Setzen Sie sich an einen Tisch und legen Sie die Unterarme flach auf den Tisch. Die Ellbogen sollten dabei mehr als rechtwinklig gebeugt sein, die Handgelenke befinden sich in Mittelstellung, das heißt etwa in einer Linie mit den Unterarmen. Ballen Sie beide Fäuste und spannen Sie dabei die Unterarmmuskulatur so fest wie möglich an. Doch sollten dabei weder Schmerzen im Ellbogen noch im Handgelenk auftreten.

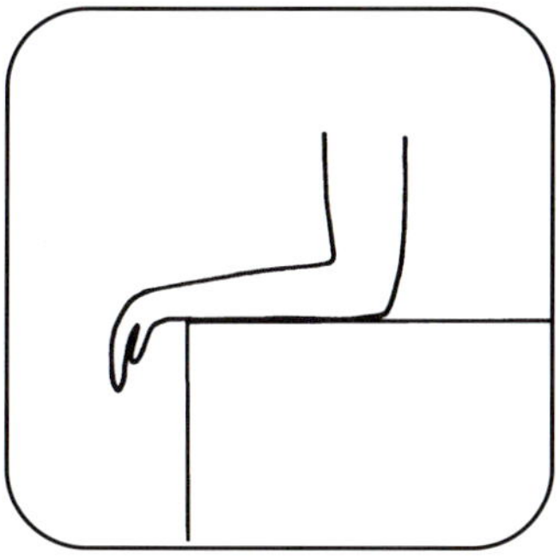

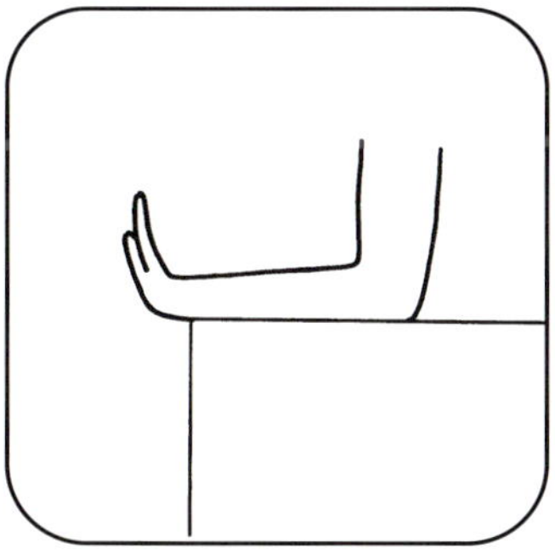

Übung 34

Die Hand befindet sich jetzt bei flach auf den Tisch gelegtem Unterarm frei über der Tischkante. Beugen Sie nun langsam die Hand im Handgelenk nach unten und nach oben.
Führen Sie diese Übung einmal mit der Handfläche und einmal mit dem Handrücken nach oben aus.

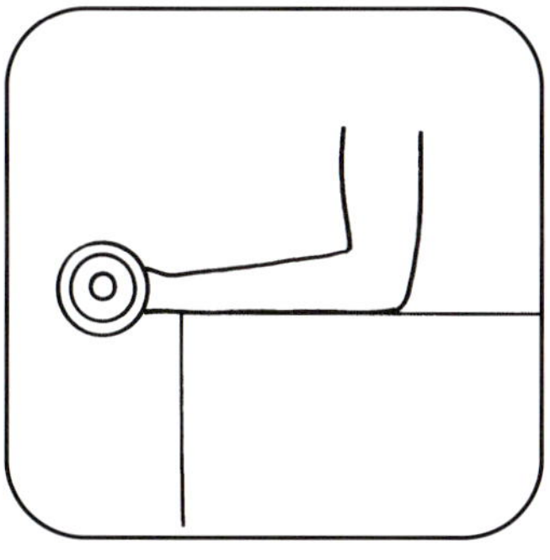

Bei gut trainierter Unterarmmuskulatur können Sie diese Übung mit Gewichten durchführen.

Übungen mit Band

Übung 35
Setzen Sie sich auf einen Hocker. Befestigen Sie das Übungsband hinter sich an einem hohen Haken o.ä. in Bandmitte. Nehmen Sie die Bandenden in beide Hände – das Band liegt über Ihren Schultern. Beugen Sie sich langsam gegen den wachsenden Widerstand des Bandes nach vorne und langsam wieder zurück.
Trainiert werden: Bauchmuskeln

Übung 36
Setzen Sie sich jetzt in Blickrichtung zum Band, das an einem niedrigen Haken befestigt ist. Halten Sie die Bandenden vor Ihre Brust. Richten Sie sich nun gegen den Widerstand des Bandes auf und beugen sich langsam wieder vor.
Trainiert werden: Rückenstreckermuskulatur

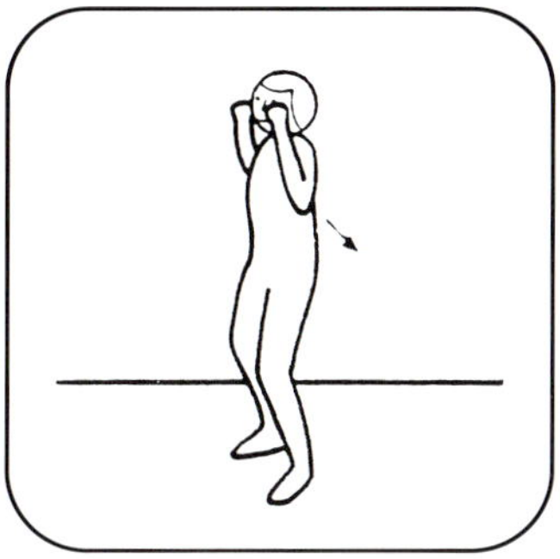

Streckübung der Wirbelsäule

Übung 37
Stellen Sie die Füße schulterbreit auseinander und beugen Sie leicht beide Knie. Ziehen Sie nun beide Schultern bei gebeugten Ellbogen nach hinten unten. Während dieser Übung ziehen Sie das Kinn soweit es Ihnen möglich ist nach hinten und machen dabei ein Doppelkinn (ohne den Kopf nach vorne oder hinten zu beugen). Während dieser Übung ziehen Sie den Bauch fest ein und spannen Ihre Körpermuskulatur an.

So erreichen Sie eine günstige Streckung der gesamten Wirbelsäule bei gleichzeitigem Training speziell der Schultergürtelmuskulatur.

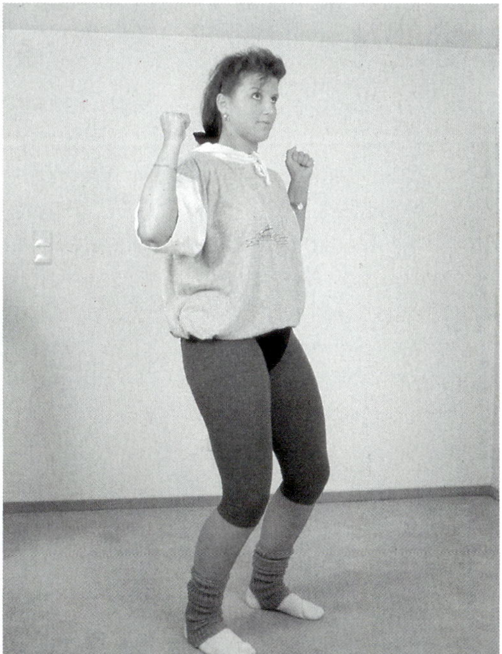

Übung zur Streckung der gesamten Wirbelsäule; Andrea Steil

Dehnungsübungen (Stretching)

Unter der Bezeichnung Stretching können diejenigen Trainingsmethoden zusammengefaßt werden, mit denen man den Streck- bzw. Dehnreflex ausschalten kann. Dieser Muskeldehnungsreflex wird bei zu schnellen oder zu heftigen Dehnungen in Gang gesetzt.

Stretching zielt auf eine bessere motorische Flexibilität und ist eine wissenschaftlich gesicherte Methode, mit der man die Beweglichkeit einfach und wirkungsvoll trainieren kann.

Ziel

Vermeiden einer ungleichen Belastung (Belastungsdysbalance) durch Vorbereitung des Körpers auf eine Belastung und Entlastung durch Lockerung und gezielte Dehnung z. B. nach sportlicher Betätigung.

Was kann gedehnt werden?

Die Grenzen eines normalen Bewegungsumfangs werden von folgenden Strukturen bestimmt: Haut, Unterhaut, Muskeln, Bänder, Kapseln, Gelenkflächen und Aufbau des jeweiligen Gelenkes. Es kann und soll nur der Muskel gedehnt werden. Sehnen können praktisch nicht, Kapseln und Bänder sollen – bis auf spezielle Ausnahmen in der Rehabilitation – nicht gedehnt werden, um nicht auszuleiern. Eine derartige Überbeweglichkeit von Gelenken führt auf längere Sicht zu vermehrtem Verschleiß.

Wann sollte gedehnt werden?

Vor sportlicher Betätigung jeglicher Art – dies ist weitgehend bekannt, wird aber noch zu wenig bzw. in zu geringem Ausmaß und meist nicht korrekt durchgeführt.

Nach dem Sport – dies ist weniger bekannt und wird zudem meist viel zu lasch gehandhabt.

Grundlagen

Bereits seit mehr als 2000 Jahren ist Muskeldehnung bei der Gymnastik bekannt.

Muskeln gehören zu den am stärksten belasteten Strukturen, sie müssen sich am meisten anpassen. Muskeldehnungsübungen können den Bewegungsumfang vergrößern. Sie setzen die Gefahr herab, daß ein gespannter, verkürzter Muskel bei plötzlicher Belastung geschädigt wird.

Sinn der Muskeldehnung

1. Vorbeugen einer Schädigung
2. Vergrößern des Bewegungsumfanges und somit der Leistung

Muskeldehnung oder Stretching ist eine hervorragende Vorbereitung für fast alle Sportarten, vom Gesundheitssport bis zum Hochleistungssport.

Zum Aufwärm- wie zum Abwärmprogramm der verschiedensten Sportarten gehört beinahe selbstverständlich eine Dehngymnastik, wobei dieses Dehnen oftmals mehr ein Zerren an der Muskulatur ist. Jedesmal, wenn ein Muskel zu heftig oder zu plötzlich gedehnt wird, reagiert er mit einer Kontraktion, die durch einen Nervenreflex ausgelöst wird. Dieser sogenannte Dehnreflex ist ein Schutzmechanismus, der in fast allen Muskeln auslösbar ist. Das Halten an der Grenze des Möglichen oder das Auf- und Abfedern überanstrengt die Muskeln und aktiviert den Dehnreflex. Hierdurch werden Schmerzen verursacht. Außerdem können durch mikroskopische Risse im Muskelgewebe Schäden entstehen. Diese Risse wiederum führen mitunter zu Narben im Muskelgewebe und damit zu einem allmählichen Verlust der Elastizität. Statt des gewünschten tritt ein unerwünschter, gegenteiliger Effekt ein!

Wirkung
Stretching bewirkt eine Verbesserung des Bewegungsausmaßes für mehrere Stunden. Reines Krafttraining vermindert dagegen den Bewegungsumfang, die Kombination von Krafttraining und Dehnen kann den Bewegungsumfang für mehrere Tage vergrößern! Jedes einseitig intensiv betriebene Training verspannt die Muskulatur und bewirkt letztlich eine schlechtere Beweglichkeit. Diese wiederum kann zu einer falschen Belastung der Gelenke und Muskeln führen. Wenn die Muskeln verspannt und unnachgiebig sind, wird auch das Risiko von Zerrungen und Entzündungen merklich größer; die Belastbarkeit der Sehnen und des Knochenskeletts hat sich durch das Training nicht so schnell erhöht wie die der Muskeln, da diese Gewebearten gegenüber der Muskulatur einen deutlich langsameren Stoffwechsel haben.
Die geringere Beweglichkeit mindert das Leistungsvermögen – dies ist bekannt. Umge-

Richtige Dehnung der Beininnen- und -rückseite

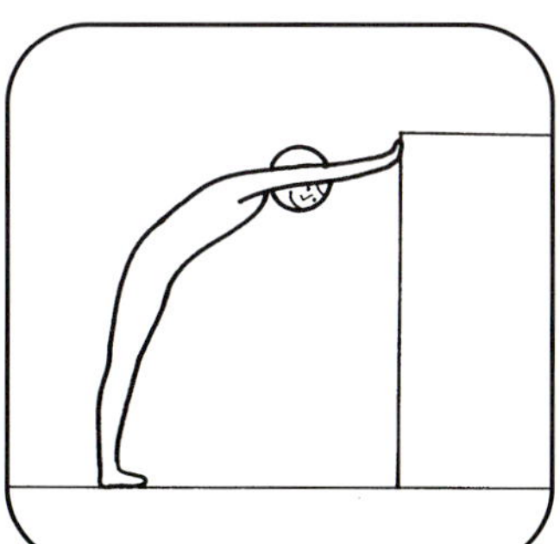

Richtige Dehnung des Schultergürtels

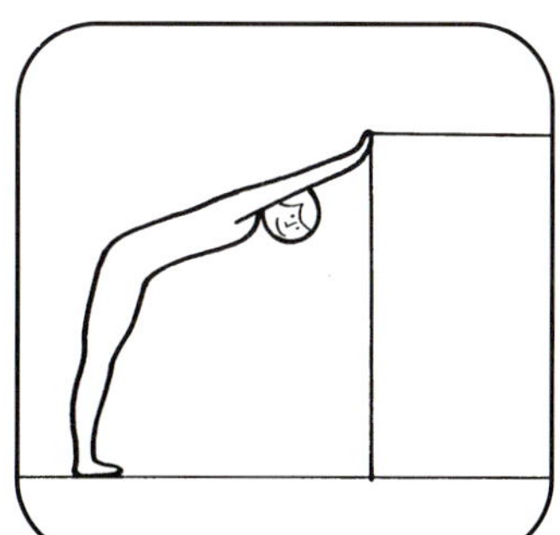

kehrt bewirkt gute Beweglichkeit bessere Arbeitsbedingungen für den gesamten Bewegungsapparat. Ein gesteigertes Bewegungsausmaß läßt die Muskelkraft länger wirksam sein und ermöglicht hierdurch eine höhere Geschwindigkeit des Bewegungsablaufes.

Zusammenfassend kann festgehalten werden: Die durch Stretching erreichte größere Beweglichkeit hat auch positive Auswirkungen auf die anderen motorischen Hauptbeanspruchungsformen und wirkt somit leistungssteigernd.

Durchführung der Technik

Stretching bietet mehrere Möglichkeiten und Wege der Muskeldehnung. Der Dehnreflex wird hierbei nicht aktiviert.
Dehnübungen sind bereits aus der Antike bekannt. Neuere Methoden wurden insbesondere von BOB ANDERSON und SVEN SÖLVEBORN entwickelt.

Stretching nach Bob Anderson (Sportpädagoge)

Erste Phase: Das leichte Dehnen (Easy stretch)
Zu Beginn der Dehnarbeit sollte jede Übung 10 – 30 Sekunden beibehalten werden. Gedehnt wird bis zu dem Punkt, an dem eine milde Spannung verspürt wird. Nachfedern ist nicht erlaubt. Das Gefühl der Spannung sollte abklingen, während man in der Dehnungsstellung verharrt. Sollte dies nicht der Fall sein, muß man etwas nachgeben und den Grad der Dehnung finden, der angenehm ist.

Zweite Phase: Das fortschreitende Dehnen (Development stretch)
Vordehnen. Nach einer kurzen Pause von ca. 10 Sekunden begibt man sich in die gleiche Dehnstellung, wobei ein erweiterter Bewegungsspielraum möglich sein sollte. Dabei sollte man nur millimeterweise vorgehen und zwar soweit, bis wiederum eine milde Spannung verspürt wird; diese Position ca. 10 – 30 Sekunden halten. Auch hier sollte die Spannung nachlassen. Ist das nicht der Fall, muß man etwas nachgeben.
Während der gesamten Übungsdauer sollte ein müheloses Atmen möglich sein.

Diese Dehnungsmethode ist als Übungsprinzip zu verstehen und daher nicht an ein starres Programm gebunden. Es kann auf fast alle bisher bekannten Dehnstellungen übertragen werden.

Hält man sich an die Reihenfolge dieser leichten Dehnübungen nach ANDERSON (die auch gehaltene Dehnübungen genannt werden), so können diese ohne vorheriges Aufwärmen durchgeführt werden. Im Rahmen der Aufwärmarbeit genügt ein einmaliges Wiederholen der Dehnstellung. Bei dieser Methode ist in den USA anhand umfassender Untersuchungen eine deutliche Minderung von Muskelschmerzen beobachtet worden.

Stretching nach Sven Sölveborn (Physiotherapeut)

Hier gilt das Prinzip: Muskelanspannung – Entspannung – Dehnung

Prinzip

- Den Muskel zunächst soweit wie möglich 10 – 30 Sekunden statisch anspannen.
- Völlig entspannen für höchstens 2 – 3 Sekunden.
- Danach sanftes Dehnen soweit wie möglich, ohne daß es weh tut, 10 – 30 Sekunden so verbleiben.
- Während des Stretchings ruhig und gleichmäßig atmen, niemals den Atem anhalten.

Diese zweite Form der Muskeldehnung empfehle ich besonders.

Wenn Sie die Dehnung 3x durchführen, können Sie dies in folgendem Rhythmus tun:

Begründung

1. Wenn ein Muskel gegen Widerstand arbeitet, erwärmt er sich. Je kräftiger die Anspannung um so höher die Temperatur. Je wärmer ein Muskel ist, desto geringer ist die Gefahr einer Verletzung (Zerrung).
2. Je stärker die Muskelanspannung ist, desto größer ist die nachfolgende Entspannung. Je größer die Muskelentspannung ist, desto besser kann der Muskel sich erholen.

Bei einigen Übungen kann die einfache Form der Dehnung ohne vorherige Anspannung der Muskulatur gewählt werden.

Durchführung mit Beispielen in vereinfachter Form

Bereiten Sie sich vor dem Dehnen mit einer etwa 5 Minuten dauernden Ganzkörpererwärmung vor (z. B. auf der Stelle laufen, Standradfahren, Seilchenspringen) (siehe Kapitel Aufwärmen Seite 20).

7	Sekunden	anspannen
3	Sekunden	entspannen
10 – 30	Sekunden	dehnen

der gesamte Vorgang
muß 3x wiederholt werden

Leider werden Dehnungsübungen meist falsch empfohlen und auch falsch durchgeführt. Bei den nachfolgenden Übungen müssen die als »Falschübung« gekennzeichneten unbedingt vermieden werden.

Rücken- und Gesäßmuskeldehnung

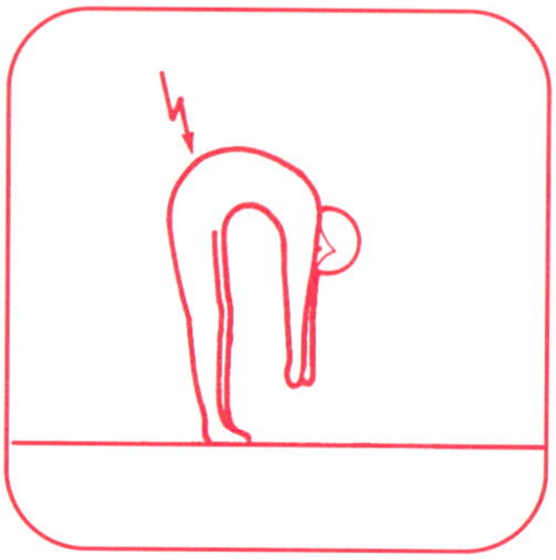

Falschübung!

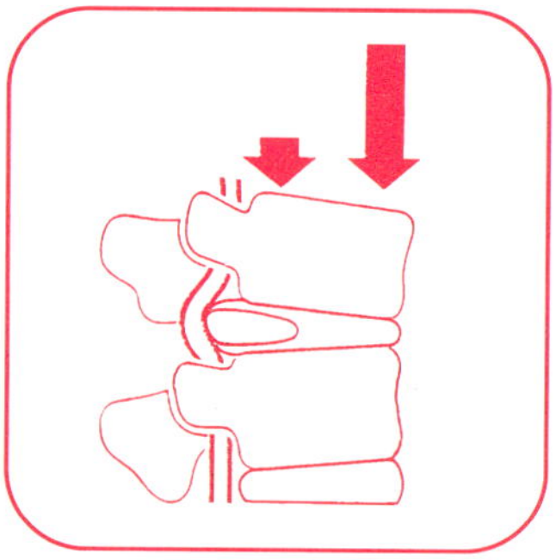

Bei dieser Übung werden die Bandscheiben gequetscht und drücken nach hinten auf die Nerven. Der Körper wird geschädigt. Diese Fehler müssen beim Training unbedingt vermieden werden.

Übung 1
Ausgangsposition: Fersensitz. Beugen Sie den Oberkörper tief nach vorne. Winkeln Sie die Arme an und legen Sie den Kopf mit der Stirn auf die Hände. Ziehen Sie mit der Nase in Richtung Knie und machen Sie dabei den Rücken nach oben rund. Lösen Sie sich wieder aus der erreichten Endposition und legen Sie die Stirn wieder auf die Hände.
So dehnen Sie Rücken- und Gesäßmuskulatur

Übung 2
Ausgangsposition: Fersensitz. Beugen Sie den Oberkörper wieder tief nach vorne. Strecken Sie einen Arm nach vorne und krabbeln Sie mit den Fingern weiter nach vorne. Dabei dehnen Sie die Seite des ausgestreckten Armes. Der Po bleibt auf den Fersen. Lösen Sie die Spannung, und führen Sie dann die gleiche Übung mit dem anderen Arm durch.
So dehnen Sie zusätzlich die Schultermuskulatur

Übung 3
Gleiche Grundstellung wie in der vorherigen Übung. Ziehen Sie jetzt nur mit beiden Armen nach vorne. Achten Sie bitte besonders darauf, daß der Po die Fersen berührt.
Verstärkung der Dehnung in Übung 2

Übung 3a
Kniehockstellung – Richten Sie sich jetzt bis zu einer Rechtwinkelstellung in den Knien auf und ziehen mit beiden Armen nach vorne.
Zusätzliche Mobilisation der Wirbelsäule

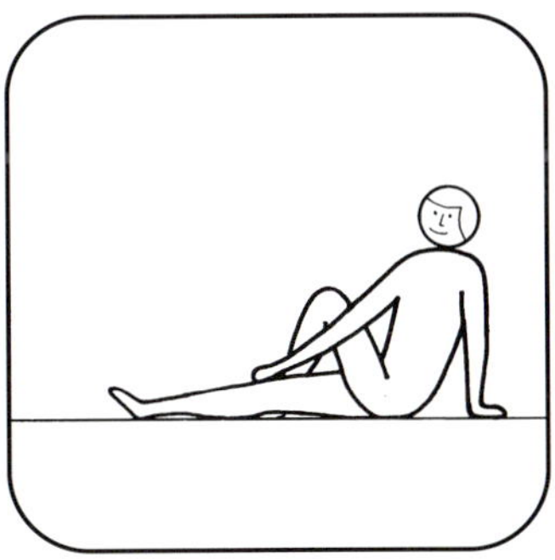

Übung 4
Ausgangsposition: Sitzstellung. Das rechte Bein liegt gestreckt auf dem Boden, der linke Fuß wird an die Außenseite des rechten Kniegelenkes gestellt. Mit dem gestreckten linken Arm stützen Sie sich auf dem Boden ab. Der rechte Ellbogen drückt in der Dehnungsphase gegen die Außenseite des linken Oberschenkels. Das Becken bleibt am Boden.
So dehnen Sie besonders die Gesäßmuskulatur und Teile der Brustmuskulatur

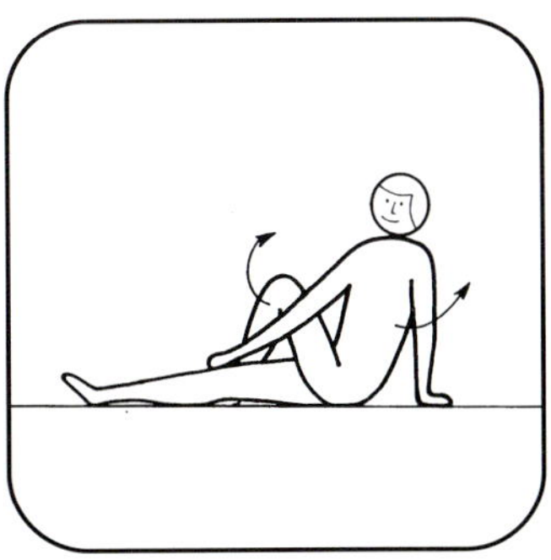

Übung 5
Ausgangsposition: Sitzstellung wie in Übung 4. Drehen Sie nun den Rumpf nach links und verstärken Sie den Druck des rechten Ellbogens auf den linken Oberschenkel.
Verstärkung der Übung 4

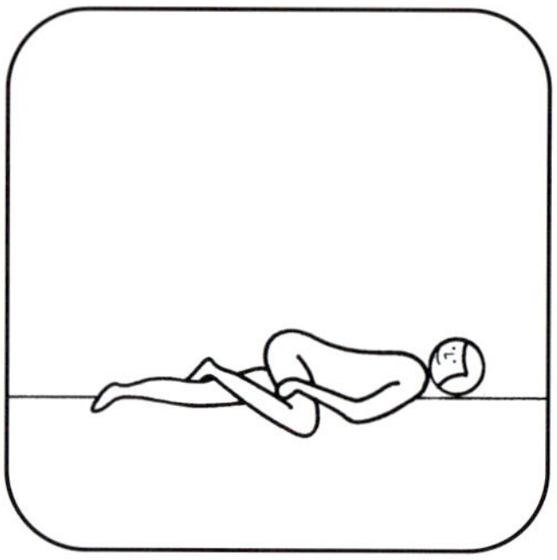

Übung 6
Die Übung 5 kann auch im Liegen durchgeführt werden. Das linke Bein liegt gestreckt auf dem Boden. Ziehen Sie mit der linken Hand das rechte gebeugte Knie über den linken Oberschenkel zum Boden. Dabei bleiben beide Schulterblätter flach auf dem Boden liegen. Anschließend Dehnung der Gegenseite.
Dehnung der Gesäß- und Rückenmuskulatur

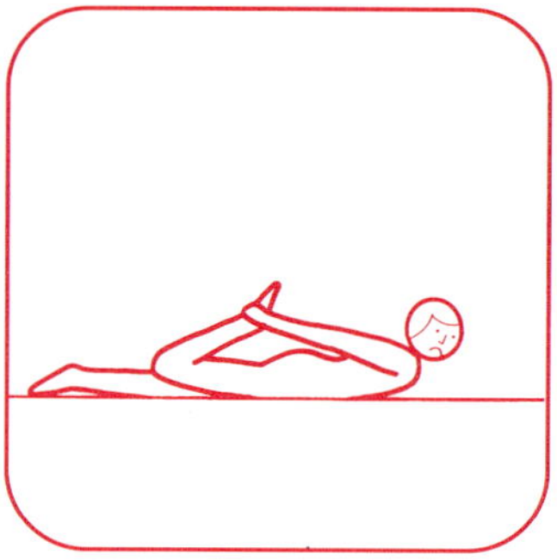

Dehnung der Oberschenkelvorderseite, Kniestrecker und der Hüftbeuger

Falschübung

Bauchlage im Hohlkreuz: So dehnen Sie auf Kosten Ihres Rückens!

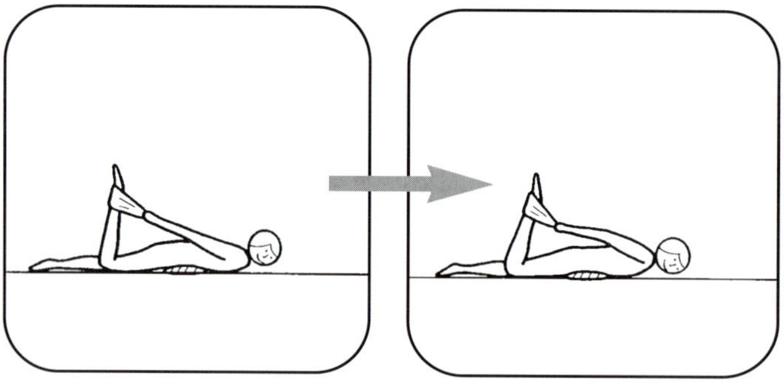

Dehnung der Kniestrecker

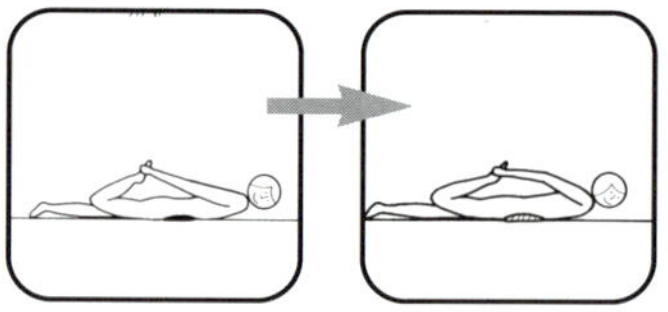

Übung 7
Legen Sie sich nun flach auf den Bauch. Greifen Sie mit der rechte Hand Ihren rechten Fuß. Drücken Sie dann mit dem rechten Fuß 7 Sekunden gegen die rechte Hand. Lösen Sie anschließend die Spannung und ziehen Sie den rechten Fuß auf das Gesäß. Das linke Bein bleibt dabei gestreckt. – Wechsel: linke Seite. Halten Sie dabei den Rumpf immer gerade und verdrehen Sie ihn nicht. Bleiben Sie mit den Beckenknochen auf dem Boden. Der Untrainierte kann diese Übung zunächst mit einem Handtuch als verlängerten Arm durchführen.

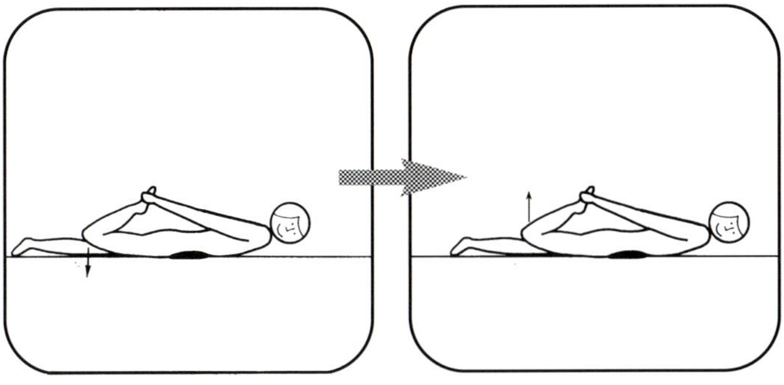

Dehnung der Hüftbeuger

Übung 8
Gleiche Ausgangsposition wie oben. In der Anspannungsphase drücken Sie das linke Knie und den Oberschenkel gegen den Boden. In der Dehnungsphase ziehen Sie wie in der vorhergehenden Übung die Ferse zum Gesäß und jetzt zusätzlich das Knie vom Boden weg. Diese Übung kann auch im Stehen durchgeführt werden:

Übung 9
Ausgangsposition: Stand auf dem linken Bein. Stützen Sie sich mit der linken Hand an der Wand oder einer Stuhllehne ab. In der Dehnungsphase ziehen Sie den rechten Fuß mit der rechten Hand in Richtung Po, bis ein leichtes Dehngefühl in der Oberschenkelvorderseite auftritt. Fallen Sie dabei nicht ins Hohlkreuz, sondern ziehen Sie maximal den Bauch ein.

Die folgenden Dehnübungen sind allgemein gehalten. Für die jeweilige Sportart können Sie sich die dazu notwendigen Übungen heraussuchen. Bei allen nachfolgend gezeigten Übungen gilt das gleiche Prinzip:

7	Sekunden	anspannen
3	Sekunden	entspannen
10 – 30	Sekunden	dehnen

der gesamte Vorgang
sollte 3x wiederholt werden

Dehnung der Unterschenkelrückseite

Übung 10a

Ausgangsposition: Schrittstellung. Das vordere Bein ist leicht angewinkelt, das hintere ist gestreckt, der Fuß einschließlich Ferse berührt den Boden während der Dehnübung. Mit den gestreckten Armen stützen Sie sich an der Wand ab. In der Anspannungsphase stellen Sie das hintere Bein auf die Zehenspitzen. In der Dehnungsphase beugen Sie das vordere Knie stärker, beugen Sie zusätzlich beide Ellbogen und schieben das Becken in Richtung Wand. Der Bauch wird fest eingezogen. Achten Sie auch auf Parallelstellung der Füße.

Übung 10b

Eine Verstärkung der Übung erreichen Sie, in dem Sie unter den vorderen Anteil des hinten stehenden Fußes ein Buch legen. Die Übung wird ansonsten in der gleichen Form – wie bei Übung 10a beschrieben – durchgeführt.

Übung 11a

Ausgangsposition: Schrittstellung. In der Ausgangsstellung wird das Knie des hinteren Beines leicht gebeugt. In der Dehnungsphase verstärken Sie die Beugung beider Knie, ohne daß sich die Fersen hierbei vom Boden lösen.

Übung 11b

Eine Verstärkung des Dehneffektes erreichen Sie, wenn der vordere Teil des hinten stehenden Fußes mit einem Buch unterlagert wird.

Dehnung der Oberschenkelrückseite

Prüfung:
(Die Prüfung sollte sich immer auf beide Seiten beziehen)

Ausgangsposition: Rückenlage. Fassen Sie zunächst das linke Bein mit beiden Händen in der Kniekehle und strecken es in die Luft. Das rechte Bein bleibt dabei gestreckt auf dem Boden liegen. Bei einer verminderten Dehnfähigkeit löst sich das rechte gestreckte Bein vom Boden.

Übung 12
Ausgangsposition: Rückenlage. Fassen Sie die rechte Kniekehle mit beiden Händen. Ziehen Sie das gebeugte rechte Bein soweit wie möglich zur Hüfte und drücken Sie dann mit Ihrem rechten Bein 7 Sekunden gegen Ihre Hände (Anspannungsphase). Entspannen Sie für 3 Sekunden (Entspannungsphase) und strecken Sie anschließend das rechte Bein im Kniegelenk langsam soweit wie möglich (Dehnungsphase) bis zu einem ziehenden Schmerz in der Oberschenkelrückseite (20 Sekunden).
Vermindern Sie die Streckung etwas, bis der Dehnungsschmerz nachläßt und wiederholen Sie in dieser erweiterten Stellung den Anspannungs-, Entspannungs- und Dehnungsvorgang. Auf diese Weise erreichen Sie eine deutlich verbesserte Dehnbarkeit der Muskulatur und Beweglichkeit ohne Schädigung. Unterstützend können Sie mit der linken Hand die Muskeln an der Oberschenkelrückseite quer nach innen massieren.

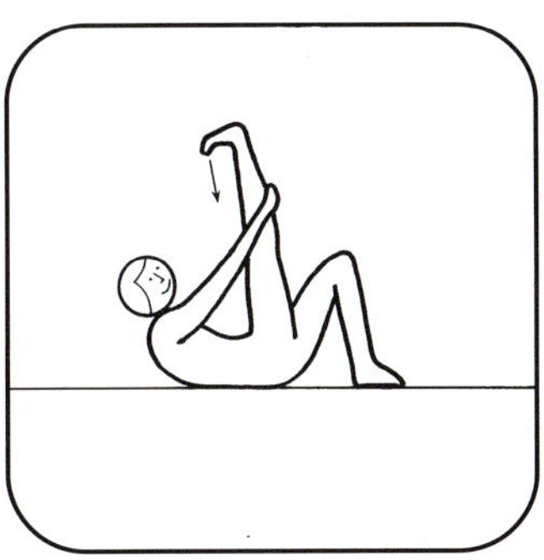

Dehnung der Ober- und Unterschenkelrückseite

Übung 13
Führen Sie die gleiche Übung wie in Übung 12 beschrieben aus und ziehen Sie dabei die Zehenspitzen kräftig zu sich heran.

Dehnung der Oberschenkelrückseite

Übung 14
Ausgangsposition: Das vordere Bein wird bei leicht angewinkeltem Kniegelenk mit der Ferse auf einen etwa beckenhohen Stuhl oder Tisch gelegt. Versuchen Sie nun in der Dehnungsphase das vordere Knie weiter zu strecken. Als Steigerung ziehen Sie die Fußspitzen zu sich heran. Ziehen Sie dabei den Bauch ein und lassen Sie das Becken nicht abkippen.

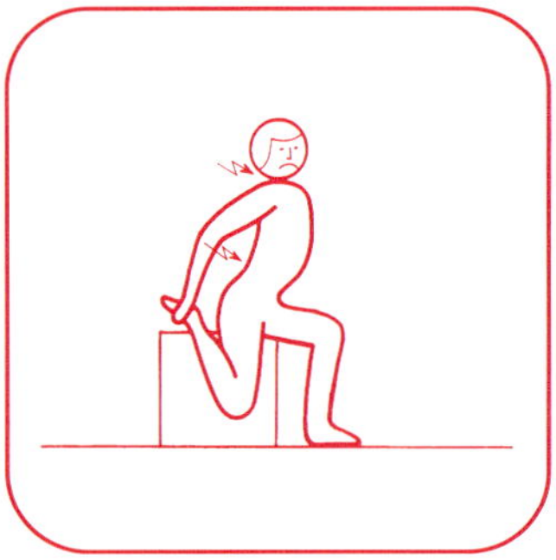

Dehnung des Hüftgelenks

Falschübung

Auf diese Weise ziehen Sie sich in die ungünstige Hohlkreuzstellung.

Übung 15a
Ausgangsposition: Legen Sie das linke Knie auf eine weiche Unterlage. Den rechten Fuß stellen Sie bei ungefähr rechtwinkelig gebeugten Kniegelenk flach auf den Boden. In der Dehnungsphase beugen Sie das rechte Knie stärker und verlagern das Körpergewicht nach vorne. Dabei wird das linke Hüftgelenk gestreckt. Halten Sie den Rücken gerade. (Nicht bei Kniebeschwerden durchführen!)

Übung 15b
Diese Übung können Sie auch an einer Wand durchführen. Beugen Sie dazu die zunächst gestreckten Arme und verlagern Sie das Körpergewicht nach vorne.

Übung 15c
Stellen Sie den rechten Fuß bei rechtwinkelig gebeugtem Knie flach auf den Boden. Das linke Knie setzten Sie so ab, daß der linke Oberschenkel und der Rücken eine gerade Linie bilden. Ziehen Sie nun langsam mit der rechten Hand Ihre linke Ferse zum Gesäß. Anschließend wechseln Sie die Seite.

Dehnung der Oberschenkelinnenseite

Prüfung:
Ausgangsposition: Rückenlage. Beugen Sie Knie und Hüften soweit wie möglich und lassen Sie sie nach außen fallen. Je weiter die Knie nach außen kommen, desto besser ist die Dehnfähigkeit.

Übung 16
Ausgangsposition: Sitzstellung mit angewinkelten Beinen und aneinander liegenden Fußsohlen. Ziehen Sie beide Füße mit den Händen in Richtung Becken und drücken Sie mit der Oberschenkelinnenseite gegen die Ellbogen. In der Dehnungsphase richten Sie langsam Ihren Rumpf auf und drücken die Kniegelenke nach außen in Richtung Boden.

Übung 17
Ausgangsposition: Seitgrätschstellung, wobei beide Füße leicht nach außen gedreht sind. In der Dehnungsphase beugen Sie das linke Knie und halten das rechte Bein dabei gestreckt. Halten Sie die Hände auf beiden Oberschenkeln und halten Sie den Rumpf gerade (das Becken kann so nicht ausweichen).

Übung 18
Ausgangsposition: Sitzstellung mit gestreckt liegendem linken Bein und in der Hüfte nach außen gedrehtem, gebeugten rechten Knie. In der Dehnungsphase greifen Sie mit der rechten Hand zum rechten Knie und mit der linken Hand zum rechten Sprunggelenk. Ziehen Sie dann mit beiden Händen das rechte Bein in Richtung Rumpf und halten Sie dabei den Rücken gerade.

Dehnung der Rückenmuskulatur
(Rollübung der Wirbelsäule)

Übung 19
Ausgangsposition: Rückenlage auf einer weichen Unterlage. Umfassen Sie mit beiden Händen die Knie und ziehen Sie die Oberschenkel in Richtung Oberkörper. Die Knie sollten bei dieser Übung hüftbreit auseinandergezogen sein. In der Dehnungsphase ziehen Sie die Oberschenkel weiter in Richtung Oberkörper und beugen den Kopf, bis das Kinn an den Brustkorb kommt.

Übung 20
Sie können diese Übung auch so erweitern, daß Sie langsam nach vorne und hinten rollen.

Dehnung des Schultergürtels

Übung 21

Ausgangsposition: Gesicht zur Wand; die Arme gehen gestreckt an die Wand. In der Dehnungsphase beugen Sie die Hüften und gehen mit dem Oberkörper in Richtung Boden bis Sie ein Ziehen im Schultergürtel verspüren. Bei dieser Übung Bauch kräftig einziehen.

Dehnung der seitlichen Schulterkapsel

Übung 22

Fassen Sie mit der rechten Hand neben den Kopf zwischen Ihre Schulterblätter. Mit der linken Hand greifen Sie auf den rechten Ellbogen. In der Anspannungsphase drückt der rechte Ellbogen gegen die linke Hand. In der Dehnungsphase ziehen Sie mit der linken Hand den rechten Ellbogen soweit wie möglich nach hinten. Halten Sie dabei den Rücken gerade!

Dehnung der vorderen Schulterkapsel

Übung 23

Verschränken Sie die Hände hinter dem Rücken ineinander. In der Anspannungsphase drücken Sie mit den Händen gegen Ihr Gesäß. In der Dehnungsphase heben Sie die gestreckten Arme vom Gesäß weg.

Dehnung der hinteren Schulterkapsel

Übung 24

Legen Sie die rechte Hand auf die linke Schulter. Mit der linken Hand umfassen Sie den rechten Ellbogen. In der Anspannungsphase drücken Sie den rechten Ellbogen gegen die linke Hand. In der Dehnungsphase ziehen Sie den rechten Arm weiter über die linke Schulter.

Ausdauer, Schnelligkeit (dynamische Arbeit)

Kräftigungsübungen stellen einen Teil des Trainingsprogrammes dar. Gleichbedeutend mit dieser statischen Trainingsform steht aber in jedem Trainingsprogramm dynamische Muskelarbeit. Sie dient zur Steigerung von Ausdauer und Schnelligkeit. Nachfolgend zeige ich Ihnen einige Möglichkeiten für dynamisches Muskeltraining auf.

Je nach Sportart wird man statischen oder dynamischen Übungen einen höheren Stellenwert einräumen. Zumindest als Ausgleich sollte aber die eine Trainingsform immer mit der anderen kombiniert sein.

Mit den Füßen fängt es an

Eine gute Fußgymnastik vermindert die Auswirkungen der Stöße, die beim Gehen oder Springen auftreten. Die Belastung für die höheren Gelenke, wie Knie, Hüften und die Wirbelsäule wird geringer. Eine angemessene Stoßdämpfung erfolgt nur bei einer ausreichenden Funktion des Fußlängs- und -quergewölbes. Diese verändern sich je nach Höhe der Belastung, um in Ruheposition (unbelastet) wieder ein Gewölbe erkennen zu lassen. Ist der Fuß bereits anlagebedingt mit einem schlechten Längs- und Quergewölbe ausgestattet und im Laufe der Zeit durch mangelndes Training in seiner Funktion weiter verkümmert, können Einlagen helfen und ihn unterstützen.

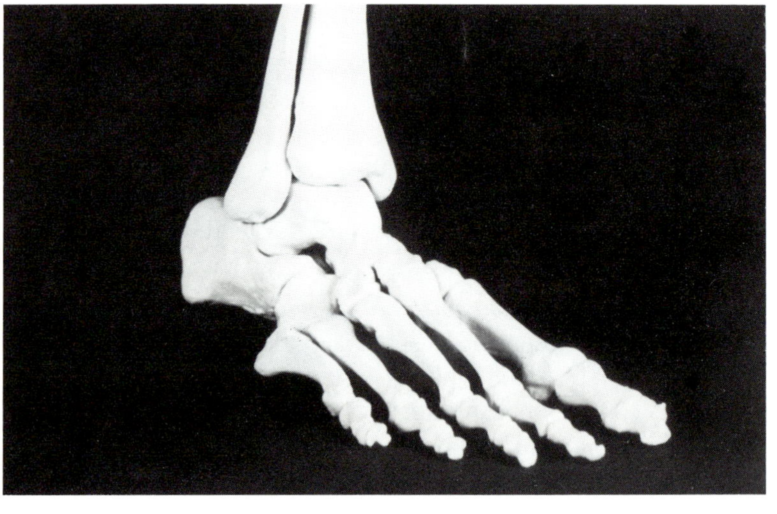

Menschliches Fußskelett

Noch wichtiger ist jedoch, jetzt erst recht ein gesteigertes Fußmuskeltraining durchzuführen, um den Fuß nicht zu sehr zu verwöhnen und ganz »schlapp« zu machen. Deshalb sollten im Kindesalter bei Bedarf vorwiegend sogenannte Aktiveinlagen getragen werden. Diese regen durch bestimmte Reizsetzung die Muskeltätigkeit an und können auf Dauer die Funktion, d. h. Standbild und Gangbild, verbessern. Ein gutes Gangbild mindert die Belastung für die Gelenke. Noch wichtiger ist ein gutes Laufbild: Immer wiederkehrende Stoß- und Zugbelastungen treten hierbei auf. Bei schwacher Fuß- und Unterschenkelmuskulatur knickt man seitlich weg. Zeitlupenaufnahmen können dies sehr gut verdeutlichen.

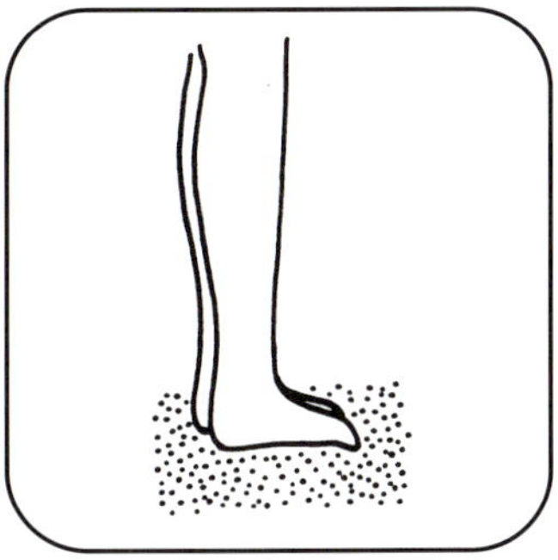

Übung 1
Besorgen Sie sich einen kleinen Kasten und füllen ihn mit Sand. Stellen Sie den »Sandkasten« zunächst vor einen Stuhl oder Sessel. Krallen Sie täglich ca. 5 Minuten mit den Zehen in dem Sand. Der Trainingseffekt wird verstärkt, wenn Sie diese Krallübungen im Stehen durchführen.

Übung 2
Seilchenspringen. Achten Sie darauf, daß Ihre Bewegungsabläufe »flüssig« sind. Laufen Sie zunächst leicht auf der Stelle und springen dabei abwechselnd mit dem rechten und linken Fuß über das Seil. Springen Sie locker und federn Sie auf dem Vorfuß ab. Steigern Sie Ihre Geschwindigkeit langsam. Später springen Sie mit beiden Füßen gleichzeitig über das Seil. Noch schwieriger wird diese Übung, wenn Sie das Seil entgegen der Laufrichtung werfen.

Übung 3
Standfahrrad. Beginnen Sie in der ersten Woche mit einem niedrigen Tretwiderstand und steigern Sie zunächst die Dauer des Trainings um ca. 3 Minuten täglich.

Übung 4
Mini-Trampolin. Laufen Sie auf der Stelle. Springen Sie dann mit beiden Füßen auf der Stelle, später stellen Sie beim Springen die Füße zur Seite weiter und wieder enger auf, dann nach vorne und hinten.

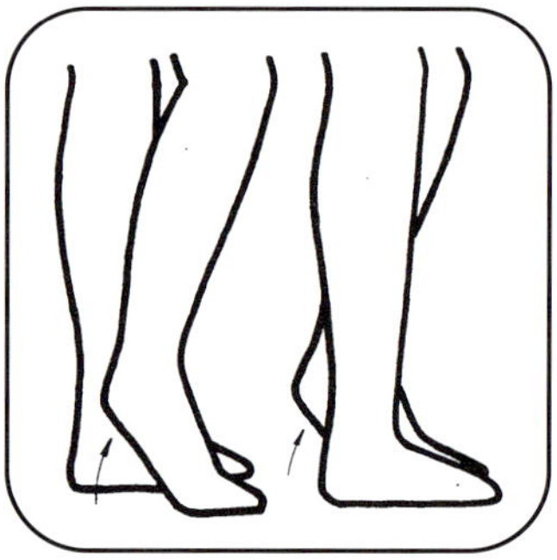

Übung 5
Gehen Sie auf der Stelle, indem Sie Vorfuß und Ferse zunächst langsam im Wechsel belasten. Werden Sie schneller und heben Sie dabei die Knie immer höher. Je schneller Sie werden, desto weniger belasten Sie die Fersen, bis Sie nur noch auf dem Vorfuß laufen (Sprint).

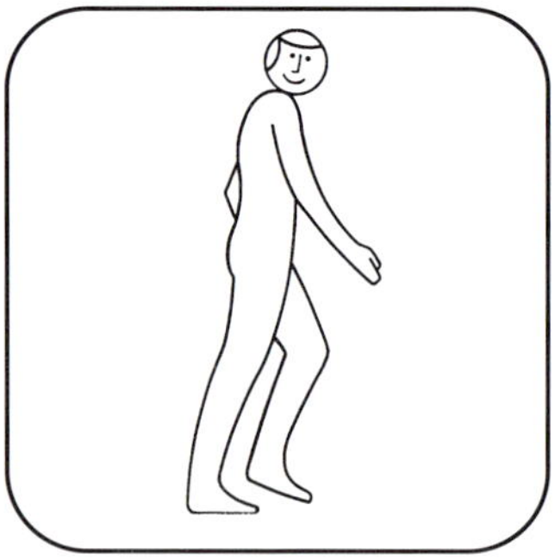

Bereits das Gehen oder Wandern kann ein sinnvolles Ausdauertraining darstellen. Zu Beginn einer Laufstrecke gehen Sie. Rollen Sie den Fuß von der Ferse zum Vorfuß hin ab. Neigen Sie den Oberkörper gering nach vorne.

Je schneller Sie werden, desto mehr werden nur noch Mittel- und Vorfuß belastet, der Oberkörper neigt sich dabei in Laufrichtung.

Nehmen Sie bei Wanderungen einen Wanderstock, nicht so sehr, um sich abzustützen sondern eher, um ein flüssiges Gangbild zu gewährleisten.

Weiteres sinnvolles Training für Ausdauer und Schnelligkeit stellen Radfahren, Schwimmen, Skilanglauf und bedingt Rudern oder Aerobic dar. Einige Sportarten werden in einem speziellen Kapitel dieses Buches beispielhaft beschrieben.

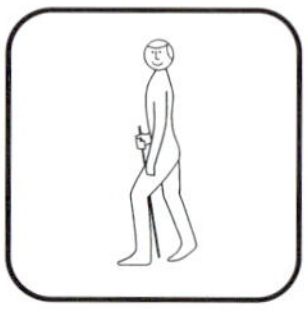

Koordinationsübungen

Besonders für Kinder und Jugendliche, aber auch für Erwachsene ist das Koordinationstraining wichtig. Koordinationsübungen fördern das harmonische Zusammenspiel von Muskeln und den sie steuernden Nerven. Die Abfolge der Bewegungen wird optimiert; unruhige, überhastete und ungünstige ruckartige Bewegungen werden vermieden. Gleichzeitig werden zahlreiche Muskelgruppen des ganzen Körpers angeregt, die üblicherweise in unserem täglichen Leben sonst nicht gefordert werden. Muskeln aber, die nicht oder nur selten angestrengt werden, verkümmern und stellen keinen Schutz mehr für den Körper dar.

Beispiele für einfache und sinnvolle Koordinationsübungen finden Sie nachfolgend:

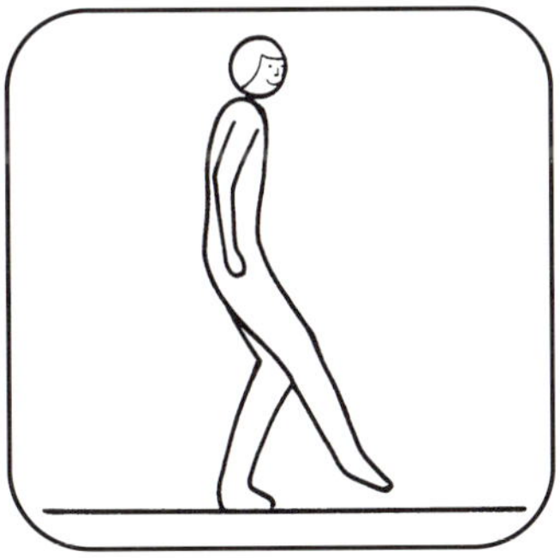

Einbeinstand
Beugen Sie das Standbein leicht und schwingen Sie dabei mit dem anderen Bein oder schreiben Sie damit Zahlen von 1 bis 9.

Einbeinhüpfen
Springen Sie mit leicht gebeugtem Knie auf der Stelle. Hüpfen Sie einige Meter vorwärts, drehen Sie um und hüpfen Sie zurück.

Jegliche Form von Balanceübungen ist sinnvoll. Dabei sollte darauf geachtet werden, daß bei allen Übungen der Rumpf stabil gehalten, d. h. der Bauch fest eingezogen wird.

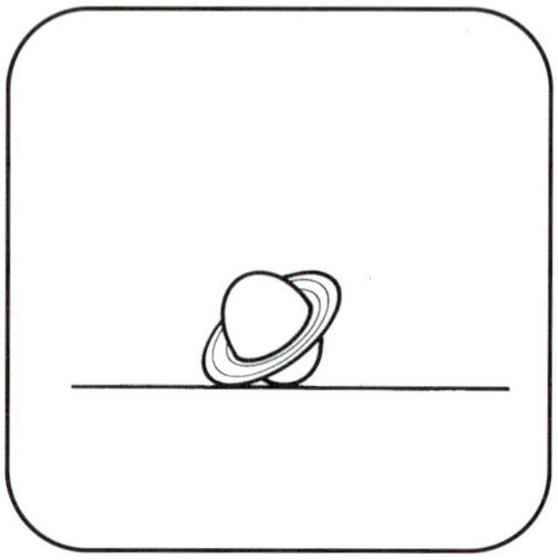

Balancieren auf einer Wippe (Therapiekreisel)
So trainieren Sie mit einer einzigen Übung die Koordination Ihres ganzen Körpers!

Üben und Spielen mit dem Hüpfball
Lassen Sie besonders die Kinder damit »toben«. Spielerisch erfahren sie eine sinnvolle Körperschulung.

Bewegung auf Bällen oder Plastiktieren im Wasser
Hier ist Haltearbeit und Koordination gefordert – trotzdem steht der Spaß im Vordergrund.

Wurf- und Fangübungen mit unterschiedlich großen Bällen
Beim Fangen achten Sie darauf, daß der Ball nicht hinter dem Körper besonders nicht hinter dem Kopf gefangen wird. Besonders mit den großen Bällen ist man dazu verführt, aus dem Hohlkreuz zu werfen.
Erschweren Sie diese Übungen, indem Sie dabei nur auf einem Bein stehen. Das Knie muß dabei leicht gebeugt und der Rücken gerade gehalten werden. Am meisten Spaß machen Ballübungen mit mehreren Personen, man kann jedoch auch alleine damit üben, um seine Geschicklichkeit zu verbessern.

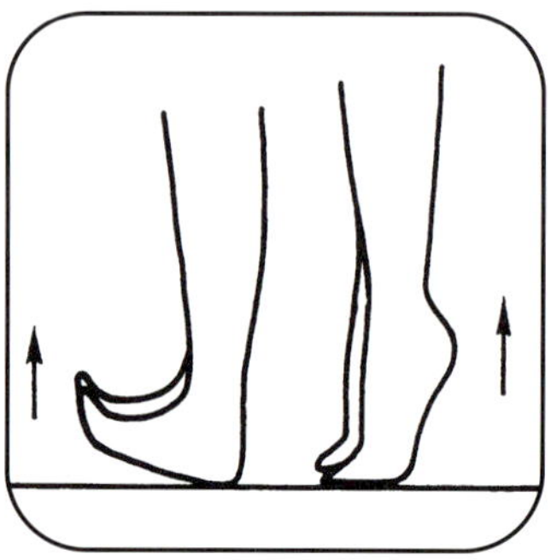

Fußgymnastik
Stellen Sie sich langsam auf die Zehenspitzen und dann auf die Fersen, rollen Sie dabei den ganzen Fuß langsam auf und ab. Üben Sie aus der Grundstellung, das heißt, die Füße stehen schulterbreit auseinander. Achten Sie darauf, daß die Füße nicht nach außen oder innen wegknicken. Strecken Sie beim Balancieren nicht den Bauch heraus, denn sonst fallen Sie ins Hohlkreuz.

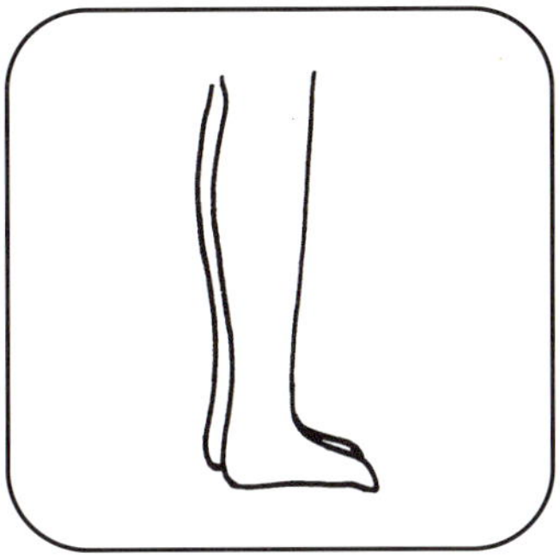

Krallübung

Sie stehen wieder in der Grundstellung. Ziehen Sie sich durch Krallbewegungen der Zehen (Beugen und Strecken) mit den Füßen nach vorne. Dabei sollte ein hohes Fußgewölbe sichtbar werden (Schneckengang). Im Leistungssport ist diese Übung besonders für Sprungsportarten erforderlich, die gute Fußmuskulatur benötigen (Hochsprung, Weitsprung, Basketball, Volleyball, etc.).

Sprungschritte

Springen Sie zunächst auf das linke Bein, wobei Sie nur in eine leichte Kniebeuge kommen dürfen. Halten Sie Ihre Arme am Körper in Richtung der Wirbelsäule. Die Wirbelsäule selbst muß dabei stabil gehalten werden! Fallen Sie nicht ins Hohlkreuz! Halten Sie Hüften und Knie gebeugt. Wechseln Sie anschließend auf das rechte Bein.

Stabilisierungs- und Koordinationsübungen zusammen mit Haltungskontrolle sollen von Klein an ungünstigen körperlichen Entwicklungen vorbeugen.

Mit **Willi Wirbel** und **Kuno Krumm** haben verhaltensmedizinische Maßnahmen in dieser Richtung Einzug in Kindergarten und Schule gehalten.

Willi Wirbel ist derjenige, der sich rückenfreundlich verhält. Kuno Krumm verhält sich dagegen rückenschädlich. Die Erfolge der Rückenschulprogramme mit Willi Wirbel und Kuno Krumm sind anhand von Studien belegt, die Akzeptanz bei den Schülern ist erstaunlich gut! Körperfunktionsgerechtes Verhalten sollte vom Kindergarten und der Vorschule an von Lehrerseite aus gefördert werden.

Im Sportunterricht soll der Körper durch geeignete Übungen in die Lage versetzt werden, gleichermaßen sportliche Leistungen zu vollbringen wie auch an seinem eigenen gesunden Aufbau mitzuwirken.

Probleme

Allgemeine Probleme bei der Durchführung gymnastischer Übungen

Übungen, die Beschwerden bereiten, sollten zunächst weggelassen werden. Sprechen Sie diese Übungen bei nächster Gelegenheit mit Ihrem Arzt oder Therapeuten durch, um zu sehen, ob sie für Sie vielleicht nicht geeignet sind.
Bestimmte Übungen können Beschwerden hervorrufen, wenn sie nicht korrekt ausgeführt werden. Bereits kleine Abweichungen bei der Durchführung können eine Belastung für bestimmte Gewebsstrukturen darstellen und ungünstige Reize ausüben. Es ist daher wichtig, die Übungen möglichst mehrmals unter Anleitung und Beobachtung durchzuführen. Wie so häufig steckt der Teufel im Detail.
Tagtäglich kommen Menschen in meine Praxis, die aufgrund von Fitnessübungen – häufig in Gymnastikkursen oder Fitnesscentern durchgeführt – Beschwerden haben. Dabei handelt es sich um Patienten, die noch nicht lange entsprechende Gymnastik betreiben und sich zum Beispiel aus Gesundheitsgründen seit wenigen Wochen oder Monaten entschlossen haben, etwas für Ihren Körper zu tun. Häufig höre ich dann den Ausspruch: »Hätte ich bloß nie damit angefangen«.

Diese Einstellung ist falsch. Lassen Sie sich nur nicht entmutigen. Ich bin froh, wenn sich jemand durchringt, etwas für seine Gesundheit zu tun. Wenn dann Beschwerden auftreten, liegt es fast immer an Fehlern bei der Ausführung der Übungen. In der ersten Zeit kann es auch zu völlig harmlosen Muskelbeschwerden im Sinne eines Muskelkaters kommen. Dies sollte Sie keinesfalls vom Weitermachen abhalten, denn diese Beschwerden legen sich mit der Zeit.

Spezielle Probleme bezogen auf Knie, Rücken und Schulter anhand einiger Beispiele

Probleme bei Knieübungen

Ein häufiger Fehler gerade bei Fitnessübungen besteht darin, daß z. B. beim Beincurler die Übungen immer vom Boden in die Waagerechte, d. h. von 90°-Beugung in die Streckung durchgeführt werden (möglichst noch mit Gewichten). Dies erhöht nur den Anpreßdruck der Kniescheibe auf ihr Gleitlager und wirkt sich ungünstig auf das Kniegelenk aus. Führen Sie die Übung wie in Nr. 4, S. 98 oder S. 130 beschrieben durch. Tiefe Kniebeugen sollen Kraftzuwachs und vermehrte Dehnbarkeit bringen – dies ist falsch. Kniebeugen unter Belastung führen bereits ab 30°-Beugung langfristig zu einer Schädigung des Kniegelenkes. Die Menisken werden systematisch ausgequetscht und leiern aus, bis sie zerreißen. Zudem werden die Kreuzbänder übermäßig belastet.

Die schlimmste Form solcher Übungen sind sogenannte Tiefsprünge. Dies bedeutet: In die Hocke springen und sofort wieder aus der Hocke herausspringen. Diese Art von Training war eine der Ursachen dafür, daß Jugendliche, die zunächst in den Siegerlisten standen, als Erwachsene dort nicht mehr auftauchten, weil ihre Gelenke einfach kaputttrainiert waren.

Probleme bei Schulterübungen

Oberarm- und Brustmuskeln werden zu stark trainiert (Sexualsymbol).

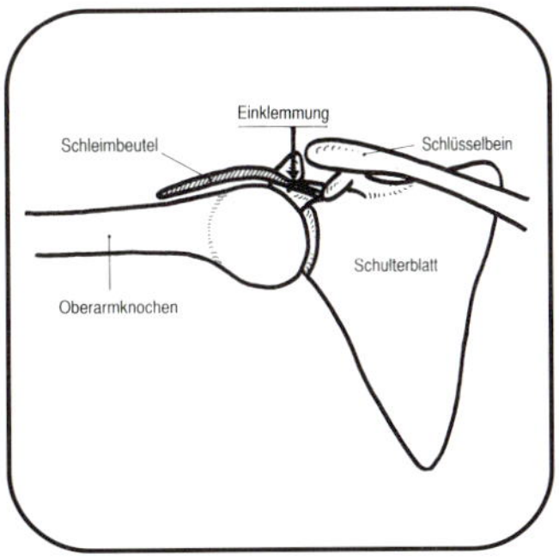

Als Folge wird der Oberarmkopf zu stark nach oben gezogen. Dadurch werden Sehnen, die durch das Schultergelenk ziehen, geschädigt.

Übungen mit der freien Hantel werden infolge zu hoher Gewichte und Unruhe zu ruckartig durchgeführt.

Überkopfübungen belasten Halswirbelsäule und Schultern gleichermaßen.

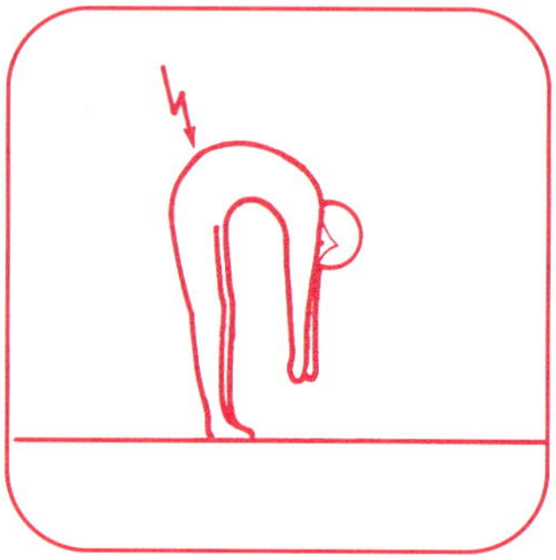

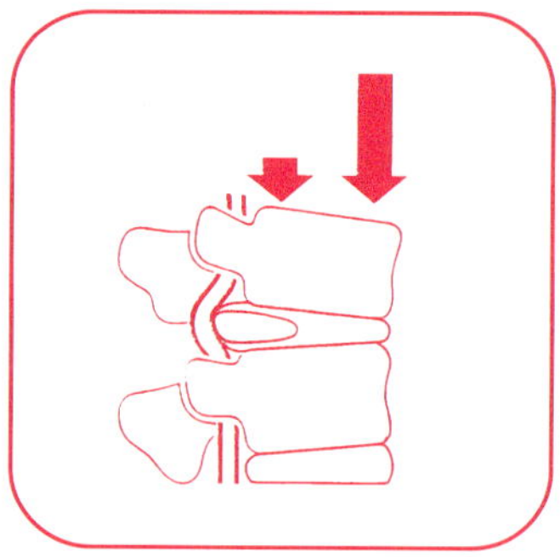

Probleme bei Rückenübungen

Anhand einiger Negativ-Beispiele wird Ihnen Muskeltraining auf Kosten der Bandscheiben und Wirbelgelenke aufgezeigt.

Rumpfbeugen und Rumpfdrehen bewirken eine Quetschung der Bandscheiben und eine ungünstige Verkantung der Wirbelgelenke.

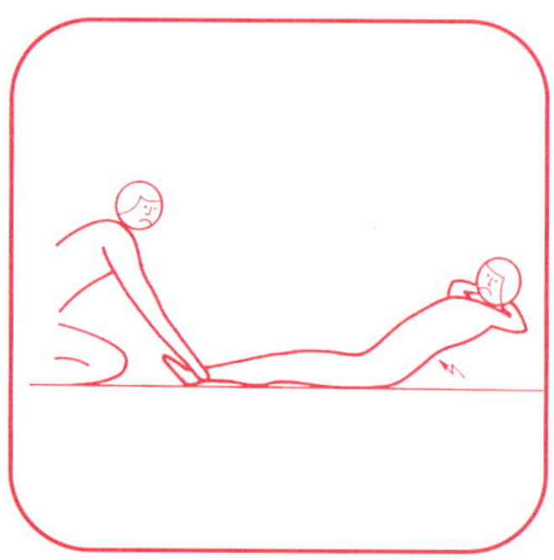

Hohlkreuzübungen

Diese Übungen bewirken eine zu hohe Druck- und Stauchungsbelastung für die Wirbelsäule.

Sportbeispiel: Badminton

Belastung der Lenden – und Halswirbelsäule durch Stauchung und Verkantung der Wirbelgelenke

Trevor Macedo, Deutscher Meister der Senioren im Badminton 1990 und 1991

Probleme bei Dehnungsübungen

Hohlkreuzbelastung mit Stauchung der Wirbelgelenke

Quetschung der Bandscheiben durch Verkantung und einseitige Belastung

Was Sie beim Training beachten sollten

Immer wieder habe ich darauf hingewiesen, daß aktives Muskeltraining den besten Schutz für den Körper darstellt – sowohl im täglichen Leben als auch besonders bei sportlicher Betätigung.
Von Bedeutung sind jedoch auch die sogenannten passiven Maßnahmen. Die wichtigsten möchte ich hier in kurzer Form vorstellen:

1. Kleidung
2. Sportausrüstung
3. Medikamente
4. Ernährung
5. Allgemeine Maßnahmen

1. Kleidung

Bedarfsgerechte Kleidung für Sport und Beruf wird inzwischen ausreichend angeboten.
Nutzen Sie sportspezifische Schutzkleidung oder Schutzgegenstände wie Sportbrillen, Mundschutz, Helme, Knieschoner, Schienbeinschützer, Neoprenanzüge und Wasserschuhe, Nierengurt, Schwimmwesten, Sonnenschutz, Sportbüstenhalter, Genitalschutz, Handschuhe usw.
Probleme gibt es hauptsächlich bei den Schuhen. Hier wird leider zu oft auf Billigangebote zurückgegriffen. Die dadurch verursachten Schäden am Körper kommen vielen Menschen jedoch teuer zu stehen.
Beim Kauf von Schuhen sollte daher auf folgende Punkte besonders geachtet werden: Wichtig ist eine gute Dämpfung durch stoßdämpfende Sohlen und Absätze. Der Rückfuß sollte einen festen Halt durch eine gute Fersenkappe bekommen. Dies macht in der Regel den Schuh teurer, aber auch haltbarer und sportmedizinisch sinnvoll.

Beispiel eines sportartangepaßten Schuhs: Wanderschuh

Empfehlenswert sind auch sogenannte Aktivschuhe, z. B. offene Sandalen möglichst mit stoßabsorbierender Sohle. Am besten sind jedoch immer noch Barfußübungen. Der natürliche Reiz wird dankbar vom Körper aufgenommen – eine Stärkung ist die Folge.
Die Kleidung sollte luftdurchlässig aber windabweisend sein. Tragen Sie möglichst 100% Baumwolle direkt auf der Haut. Durchgeschwitzte Trainings- oder Wettkampfkleidung sollte in den Pausen gewechselt werden.
Laufen Sie möglichst auf gerader Unterfläche und auf nicht zu hartem Boden. Suchen Sie sich Sporthallen mit einem Schwingboden aus.

Verletzungsgefahren können auch von der eigenen Person ausgehen: Schmuckstücke wie Ringe, Armbänder, Halsketten oder einfach lange Fingernägel.

2. Sportausrüstung

Lassen Sie sich hinsichtlich der Ausrüstung von jeweiligen Fachleuten beraten, die z. B. die Einstellung bei den Skibindungen vornehmen oder bei Rädern Lenker- und Sattelhöhe prüfen. Der Fachmann empfiehlt notwendiges Material, weist auf Trainingsmöglichkeiten hin und gibt vor allen Dingen dann Hilfe, wenn der Käufer mit den Sportgeräten nicht zurecht kommt.
Es gibt sinnvolle, unnötige und leider auch unsinnige Hilfsmittel für die Sportausübung. Sinnvoll sind z. B. Ausrüstungsgegenstände, die unter dem Punkt Kleidung erwähnt sind.
Viele Materialien sind nicht unbedingt für die jeweilige Sportausübung notwendig, können aber die Freude verstärken. Dies trifft insbesondere für diejenigen Sportler zu, die spezielle Farben von Sportgeräten und Kleidung aufeinander abstimmen und etwa mit Anhängern im privaten und beruflichen Leben auf IHRE Sportart hinweisen. Allerdings – ein besonders buntes Surfsegel muß nicht aerodynamisch gut sein!
Unsinnig und teilweise gefährlich wird die Materialauswahl dann, wenn dem Sportinteressierten falsche Ziele vorgegaukelt werden. Es ist klar festzustellen, daß bereits ohne jegliches Sportgerät gutes körperliches Training betrieben werden kann. Beim Kauf spezieller Sportausrüstung sollte die Konstitution des Käufers berücksichtigt werden. Wünsche und Ziele sind in Einklang zu bringen. »Großer Muskelzuwachs in 2 Wochen« ist eben niemals möglich. Übungen mit sofortigem hohen Kraftaufwand mit (zu) schweren Übungsgeräten führen zwangsläufig zu Schäden.

3. Medikamente

Medikamente sollten generell nur in Absprache mit dem Hausarzt (Sportmediziner) eingenommen werden. Leistungsfördernde Mittel sind abzulehnen. Wichtig kann dagegen Substitution von Flüssigkeit und Nährstoffen sein, die durch das Training verlorengehen.

Doping ist eine lebensgefährdende Manipulation des Körpers.

4. Ernährung

Tips für eine sinnvolle Ernährung finden Sie in einem speziellen Kapitel ab Seite 74.

5. Allgemeine Maßnahmen

Diese betreffen eine vernünftige Vorbereitung auf den Sport, eine vernünftige Sportdurchführung und vernünftiges Verhalten nach der Sportausübung (siehe jeweiliges Kapitel). Kleinigkeiten können sich hierbei sehr günstig auswirken, z. B.:
Nach dem Abwärmen: heiß abduschen, anschließend Beine, Arme und Brustkorb kurz kalt abduschen aber nicht den Rücken!

Dann: Je nach Hauttyp mit schwach oder stärker fettender Hautcreme einreiben. Hierbei können besonders der gesamte Rücken und der Schultergürtel sowie der Bereich um beide Kniescheiben leicht einmassiert werden.

Gönnen Sie Ihrem Körper nun eine Ruhepause in einer entspannten Lagerung (Relaxliege).

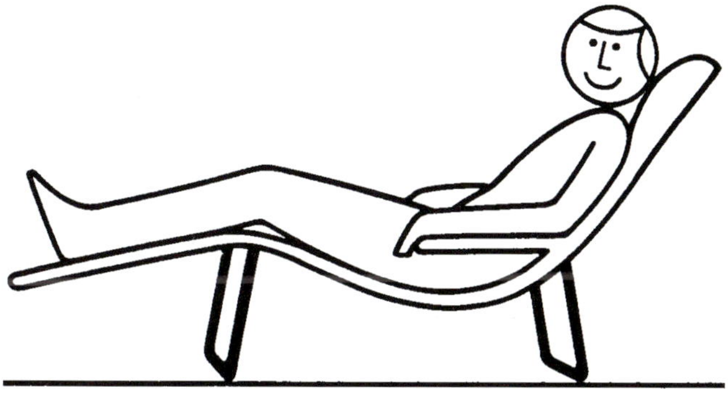

Ernährung

Eine vernünftige Ernährung ist die Grundlage für Leistungsfähigkeit und die Gesunderhaltung des Körpers.
In der heutigen Zeit wird leider viel zu selten auf eine ausgewogene Nahrungszufuhr geachtet. Wir leben nicht nur gut, sondern zu gut. Der Alltag des 20. Jahrhunderts bringt uns meist wenig Bewegung, dafür aber viel statische Belastung, wie langes Stehen, langes Gehen und langes Sitzen. In den Arbeitspausen wird dann meist zuviel und unausgewogen gegessen.
Fast alle Journale und Tageszeitungen sind voll von »guten Tips« zur Ernährung und von Spezialrezepten. Es gibt regelrechte Heilslehren auf dem Ernährungsgebiet. Allerdings haben sich diese »Wunderdiäten« nur in den seltensten Fällen bewährt.
Ich möchte Ihnen nun nicht noch eine weitere Ernährungslehre vorstellen, sondern lieber allgemeine »Ernährungshinweise« geben, mit denen Sie im täglichen Leben sicherlich gut zurechtkommen . Orientieren Sie sich an den nachfolgenden 10 Ernährungsregeln. Dies ist einfach und wirkungsvoll.

Die Nahrung des Sportlers sollte reich an Kohlenhydraten sein, Bohnen, Linsen, Kartoffeln und Nudeln sind hierbei ideal.

Leitsätze

- Unterschiedliche Bewegungsformen bedingen eine spezielle Ernährung.
- Gesundheit ist die Vorraussetzung für Leistungsfähigkeit im Sport, dazu dient eine naturbelassene, vollwertige Nahrung. Diese Nahrung liefert auch die notwendigen Mineralstoffe und Vitamine.

- Wer sich an die 10 Ernährungsregeln hält, braucht auch bei sportlicher Belastung keine zusätzlichen Mineralstoffe und Vitamine zu sich nehmen. Dies kann höchstens bei Spitzenbelastung notwendig sein.

Einige spezielle Tips

Nehmen Sie morgens ein Müsli mit fettarmer Milch zu sich, das Sesam, Leinsamen, Mehrkorn, Soja sowie verschiedene Flocken aber keinen Zucker enthält. Geben Sie außerdem Banane oder anderes Obst hinzu, um es schmackhaft zu machen. Die Körner sollten Sie mindestens eine halbe Stunde in der Milch quellen lassen, sonst ziehen sie später Flüssigkeit aus der Darmwand. Letzteres würde eine gute Verdauungstätigkeit und Darmpassage nur verschlechtern.

Nehmen Sie ca. 1 Stunde vor einem Wettkampf vorwiegend Kohlenhydrate, z. B. Nudeln mit einer würzigen Sauce, zu sich. Während des Wettkampfes achten Sie – soweit möglich – auf isotonische Flüssigkeitszufuhr, d. h. Ihr Getränk sollte nicht zuviel und nicht zuwenig Salze enthalten, um das Blutkreislaufsystem nicht zu schädigen.

Die 10 Ernährungsregeln

1. Esse vielseitig, aber nicht zuviel. Im Prinzip kann der Mensch alles essen – es kommt nur auf die Menge an.
2. Esse wenig Fett. Fett essen macht fett.
3. Vermeide Süßigkeiten.
4. Esse in Maßen tierisches Eiweiß und bevorzuge pflanzliches Eiweiß. Beispiele für tierisches Eiweiß: sämtliche Milchprodukte (Käse, Quark etc.), Eier, Fisch, Fleisch (vorzugsweise Geflügel, Wild, mageres Schaf- und Rindfleisch). Beipiele für pflanzliches Eiweiß: Sojaprodukte (Bratlinge, Würstchen, Keimlinge), Tofuprodukte (Tofu wird aus Sojamilch im Käseverfahren hergestellt), Bambussprossen.
5. Esse gut gewürzt, aber spare Salz. Gewürze und Kräuter machen die Speisen schmackhaft und unterstreichen den Eigengeschmack der jeweiligen Kost. Sie fördern zudem die Verdauung.
6. Bevorzuge Vollkornprodukte. Vollkornprodukte enthalten wichtige Nähr- und Ballaststoffe. Müsli mit Früchten der Saison und Nüssen, Vollkornnudeln, ungeschälten Reis (Naturreis), Vollkornbrot, Mehrkornbrot, Dinkelbrot, Vollkornbackwaren (Teilchen, Kuchen, Kekse), verwende zum Backen Vollkornmehl.
7. Esse reichlich Gemüse und Obst.
8. Nimm mehrmals am Tag kleine Mahlzeiten ein statt wenige große . Dies ist besser für den Blutzuckerspiegel und auch für Magen und Darm.
9. Koche vitaminschonend mit kurzem Garen.
10. Bevorzuge bestimmte Lebensmittel für die tägliche Kost: Milch und Milchprodukte, Fisch, Gemüse frisch oder tiefgefroren, Getreideprodukte (möglichst Vollkorn und Sojaprodukte), Müsli, jegliches Obst, verwende beim Kochen, Braten oder Zubereiten von Salaten Öle mit hochungesättigten Fettsäuren (Vitamin F).

Trinke viel Mineralwasser. Besonders Frauen trinken häufig zu wenig. Im Sport ist der Flüssigkeitsersatz eine der wichtigsten Voraussetzungen, um Schäden zu vermeiden. Mineralwasser sollte nur mäßig Kohlensäure enthalten, dafür aber reichlich Spurenelemente und Mineralien wie Zink, Magnesium, Kalzium.

Beim Sportler auftretende Wadenkrämpfe sind häufig Ausdruck fehlender Mineralien. Bevor man Medikamente einsetzt, sollte man erst versuchen, mit speziellen Ernährungsmaßnahmen eine Besserung zu erreichen.

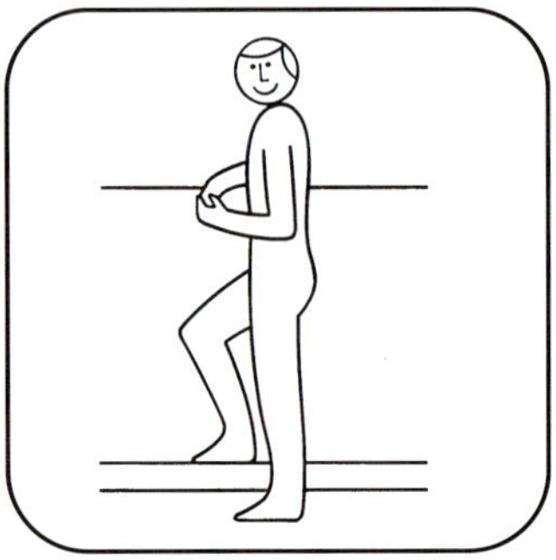

Nach dem Wettkampf ist es durchaus gestattet, ein oder zwei Glas Bier zu trinken. Gut sind auch Saftschorlen oder Apfelweinschorlen. Zum Tagesausklang können Sie gerne ein Gläschen Wein zu sich nehmen. Doch halten Sie insgesamt Maß beim Trinken von Alkohol!
Übergewicht ist ein Risikofaktor für Diabetes mellitus (Zuckerkrankheit), Fettstoffwechselstörungen, Bluthochdruck sowie für andere Erkrankungen des Herz-Kreislauf-Systems.

Alleinige Gewichtsabnahme ist weniger gesund und weniger effektiv wie die Kombination:

Gewichtsabnahme und körperliche Aktivität bzw. Sport.

Diät und Sport

Nachfolgend einige Anhaltswerte für den Kalorienverbrauch, bezogen auf 10 Minuten körperliche Betätigung bzw. Sport:

Radfahren (20 km/h)	80 kcal
Laufen	100 – 130 kcal
Gesellschaftstanz	40 – 50 kcal
Kegeln	60 – 70 kcal
Tennis	80 kcal
Handball/Basketball	140 kcal
Brustschwimmen 50m pro Minute	110 kcal
Fußball	230 – 280 kcal
Rasenmähen	40 – 50 kcal

Ein täglicher Mehrverbrauch von 300 Kalorien bewirkt eine Gewichtsabnahme von etwa 50 g pro Tag.

Muskelentspannungstraining

Muskelentspannungstraining ist ein bewährtes Verfahren der Verhaltenstherapie und Verhaltensmedizin, um den Teufelskreis Schmerz – Verspannung – Schmerz zu durchbrechen.

Ziel

Durch entsprechende Entspannungstechniken soll über eine bewußtere Körper- und Selbstwahrnehmung eine Lösung von muskulären Verkrampfungen stattfinden. Verkrampfte Muskulatur ermüdet eher. Verspannungen führen zu Schmerzreaktionen besonders im oberen Rückenbereich mit Kopfschmerzen.

Ursachen

Normalerweise besteht in unserer Muskulatur ein Gleichgewichtszustand zwischen Spannung und Entspannung. Hauptursachen von Verspannungen sind Überlastungen der Muskulatur. Je besser die Muskulatur ausgebildet ist, um so besser ist sie geschützt. Bei einer schwach ausgebildeten Muskulatur treten Verspannungen, Verkrampfungen und Schmerzen schneller auf. Dies betrifft besonders die Muskulatur im Rumpf- und Nackenbereich. Zusätzlich wirken Fehlhaltungen insbesondere Haltungskonstanz ungünstig. Innere Einflüsse wie psychische Überanstrengungen, Streß, Angstzustände, Depres-

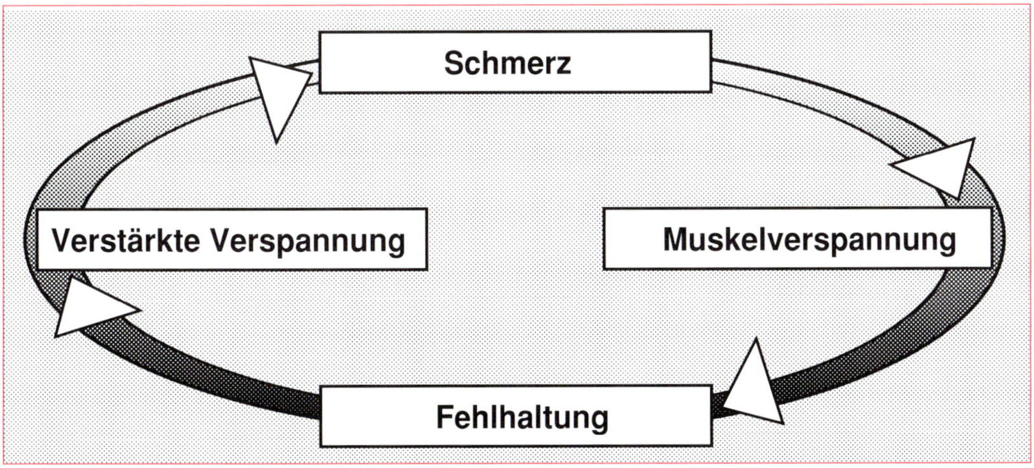

sionen sowie äußere Einflüsse wie Zug, feuchte Kälte beeinflussen ebenso die Grundspannung der Muskulatur. Kommen mehrere Faktoren zusammen, werden Schmerzreaktionen des Körpers wahrscheinlicher. Als eine wirkungsvolle Hilfe zur Beschwerdelinderung und zur langfristigen Besserung haben sich Muskelentspannungstechniken wie die progressive Muskelrelaxation nach Jacobson bewährt. Zur Ausschaltung ungünstiger Faktoren sind die Regeln der Rückenschule anzuwenden.

Methode

Muskelentspannungstraining kann man nicht aus Büchern lernen. Die nachfolgenden Erläuterungen dienen dazu, das in einem Kurs erlernte Muskelentspannungstraining durchzuführen. Zum einen dienen die Erklärungen zur Auffrischung, zum anderen zur Erweiterung des Basiswissens. Die hier beschriebenen Techniken beziehen sich speziell auf den Bereich der Orthopädie und Sportmedizin. Sie sind auch ergänzend zu betrachten für Verfahren der Streßbewältigung.

Als wichtiges psychologisches Verfahren zur Unterbrechung des Teufelskreises (siehe unten) hat sich die »Progressive Muskelrelaxation« bewährt, die 1930 von dem Physiologen Jacobson entwickelt wurde. Im Originalverfahren werden nacheinander insgesamt 16 Muskelgruppen für wenige Sekunden angespannt und danach wieder entspannt.
Das Hauptziel liegt in der gezielten Entspannung bestimmter Muskelgruppen. Durch den Gegensatz von Spannung und Entspannung einzelner Muskeln werden die Trainingsteilnehmer für die Wahrnehmung ihres Körpers sensibilisiert und können frühzeitig Verspannungen erspüren. Mit Hilfe der Entspannungstechnik kann eine Verringerung der Muskelspannung im Körper erreicht werden, wann immer es wünschenswert ist. Darüberhinaus dienen die Anspannungsübungen der Kräftigung der jeweiligen Muskelgruppe. Gegenüber anderen Verfahren und Behand-

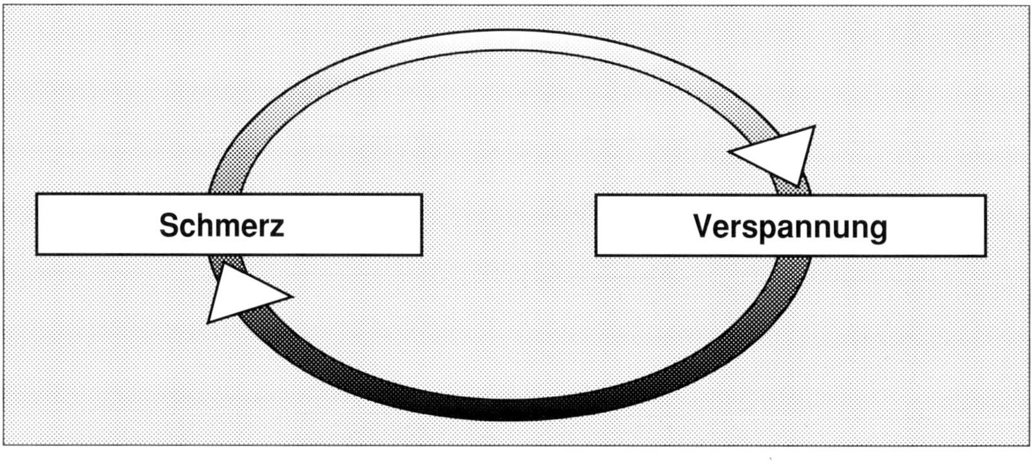

lungsmethoden zur Durchbrechung des Schmerzteufelskreises hat das Entspannungstraining den Vorteil, daß es – einmal erlernt – unabhängig von anderen Personen (Arzt, Therapeut etc.) ohne großen apparativen und zeitlichen Aufwand angewendet werden kann. Im Gegensatz zur medikamentösen Therapie ist es frei von eventuell schädlichen Nebenwirkungen.

Die »Progressive Muskelentspannung« lernt man am besten in einem Kurs unter Anleitung eines erfahrenen Experten. Nutzen Sie die folgenden Ausführungen, um sich vor Kursbeginn mit dem Verfahren der »Progressiven Muskelentspannung« vertraut zu machen und sich nach dem Kursende an die Übungen zu erinnern. Auch für das Entspannungstraining gilt: Übung macht den Meister!

Die Übungen sollten zweimal täglich durchgeführt werden.

Durchführung

Setzen Sie sich in einem bequemen Sessel oder Stuhl. Achten Sie darauf, daß Sie nicht durch äußere Störquellen abgelenkt werden. Suchen Sie einen ruhigen Ort aus, legen Sie eventuell beengende Kleidungsstücke ab. Bei der »Progressiven Muskelrelaxation« werden die unten aufgeführten 16 Muskelgruppen zunächst für 7 Sekunden nach den angegebenen Instruktionen angespannt. Unmittelbar nach der Anspannungsphase einer Muskelgruppe folgt eine Entspannungsphase von ca. 60 Sekunden.

Während dieser Zeit hören die Patienten die beruhigende Stimme des Kursleiters. Dieser spricht bestimmte Entspannungsformeln, wie z. B.:

... genießen Sie nach der Anspannung das angenehme Gefühl der Entspannung ...
... fühlen Sie, wie sich die Muskeln im rechten Unterarm entspannen ...
... spüren Sie das leichte Wärmegefühl ...
... ganz locker lassen ...
... konzentrieren Sie sich auf das Gefühl, wie die Spannung in den Muskeln des rechten Unterarmes nachläßt, wie die Muskeln weich werden und jetzt tiefer und tiefer entspannt sind ...

Es ist wichtig, daß nicht nur ein allgemeiner Entspannungszustand hergestellt wird, sondern daß die Anspannungs- bzw. Entspannungsphase ganz gezielt in dem betroffenen Muskel erlebt wird. Jede der 16 Muskelgruppen wird nacheinander zunächst angespannt und dann wieder gelockert. Es ist hilfreich, sich vorzustellen, was bei der Anspannung bzw. der Entspannung im Muskel passiert: Bei Spannung verkürzen sich die Muskelfasern und bei der Entspannung kehren sie in ihre langgestreckte Ausgangsposition zurück. Das Gefühl der Entspannung kann intensiviert werden, wenn man sich das langsame Längerwerden der Muskelfasern möglichst anschaulich vorstellt. Durch das Anspannen erwärmt sich die Muskulatur.

Nach jeder neuen Phase der Spannung/Entspannung wird die bereits entspannte Muskulatur kontrolliert und ggf. nochmals entspannt.

Instruktionen zur Anspannung der 16 Muskelgruppen

Setzen Sie sich bequem hin und schließen Sie Ihre Augen. Achten Sie auf eine gleichmäßige Atmung. Vergessen Sie für einen Moment Ihre Umgebung.

1. Übung – Hand und Unterarm rechts: Ballen Sie die rechte Hand zu einer Faust und spannen Sie die Muskulatur des rechten Unterarmes fest an. 7 Sekunden anspannen und dann 60 Sekunden entspannen – dies gilt auch für die folgenden Übungen.

2. Übung – Spannen Sie die Muskeln des rechten Oberarmes fest an, indem Sie den rechten Ellbogen gegen die Armlehne drücken.

3. Übung – Hand und Unterarm links: Ballen Sie die linke Hand zu einer festen Faust und spannen Sie die Muskulatur des linken Unterarmes fest an.

4. Übung – Oberarm links: Spannen Sie die Muskeln des linken Oberarmes fest an, indem Sie den linken Ellbogen gegen die Armlehne drücken.

5. Übung – Stirn: Spannen Sie die Muskeln der Stirnpartie an, indem Sie die Augenbrauen hochziehen.

6. Übung – Augen und Nase: Kneifen Sie die Augen fest zusammen und rümpfen Sie gleichzeitig die Nase.

7. Übung – Mund: Beißen Sie die Zähne fest zusammen und ziehen Sie die Mundwinkel stark zurück.

8. Übung – Hals und Nacken: Die Muskulatur im Hals- und Nackenbereich ist besonders häufig von Verspannungen betroffen. Daher werden hier mehrere Übungen zur Anspannung vorgeschlagen.

   a) Ziehen Sie das Kinn so weit wie möglich nach hinten als ob Sie ein Doppelkinn machen wollten. Dabei können Sie ein leichtes Zittern der betroffenen Muskulatur spüren.

   b) Falten Sie die Hände vor der Stirn und pressen Sie die Stirn fest gegen die Hände.

   c) Neigen Sie das Kinn leicht zur Brust. Legen Sie Ihre rechte Handfläche rechts an den Kopf oberhalb des Ohres. Üben Sie mit der Handfläche einen leichten Druck auf den Kopf aus. Durch die gleichzeitige Anspannung der Hals- und Nackenmuskulatur bleibt der Kopf in der Ausgangsposition (Mittelstellung) (Bild Seite 42, Übungen 31b und 32b).

   Anschließend führen Sie die Übung für die linke Seite aus. Achtung: Damit es nicht zu Verlagerungen des Kopfes kommt, ist es hilfreich, diese Übung anfangs vor dem Spiegel durchzuführen!

d) Neigen Sie das Kinn leicht zur Brust, falten Sie die Hände hinter dem Kopf und pressen den Kopf gegen die Hände. Die Ausgangsposition des Kopfes verändert sich nicht.

9. Übung – Schultern, Brust und obere Rückenpartie: Ziehen Sie die Schultern zurück und etwas nach hinten unten. Dabei sollten die Schulterblätter möglichst nah aneinander kommen.

10. Übung – Bauch: Ziehen Sie den Bauch ein und machen ihn ganz fest, als würden Sie einen Schlag in den Bauch erwarten.

11. Übung – Oberschenkel rechts: Spannen Sie die vordere und hintere Oberschenkelmuskulatur an, indem Sie die Ferse leicht in den Boden drücken.

12. Übung – Unterschenkel rechts: Ziehen Sie die Zehen hoch in Richtung Kopf. Spüren Sie die Spannung im rechten Unterschenkel?

13. Übung – Fuß rechts: Strecken Sie den rechten Fuß, drehen Sie Ihn nach innen und beugen Sie die Zehen.

14. Übung – Oberschenkel links: Spannen Sie die vordere und hintere Oberschenkelmuskulatur an, indem Sie die linke Ferse leicht in den Boden drücken.

15. Übung – Unterschenkel links: Ziehen Sie die Zehen hoch in Richtung Kopf. Spüren Sie die Spannung im linken Unterschenkel?

16. Übung – Fuß links: Strecken Sie den linken Fuß, drehen Sie ihn nach innen und beugen Sie die Zehen.

Am Ende der Entspannungsübungen wird die Entspannung wieder »zurückgenommen«, indem man

- sich vorstellt, wie die Kraft in Arme und Beine wieder zurückkehrt,
- mehrmals kräftig ein- und ausatmet (wie vor einer schweren Aufgabe),
- alle Muskeln kräftig anspannt und wieder löst,
- die Augen wieder öffnet und sich ausgiebig reckt und streckt (wie morgens beim Aufwachen).

Nach einigen Wochen Training des kompletten Programms können die 16 einzelnen Muskelgruppen zu sieben bzw. vier großen Muskelgruppen zusammengefaßt werden. Bei einer speziellen Klientel, z. B. Wirbelsäulenpatienten, kann das Training auf die betroffenen Muskelgruppen (Übung 8, 9 und 10) eingegrenzt werden.

Gewöhnen Sie sich an, das Entspannungstraining in Ihren Tagesablauf einzubauen. In der Mittagspause angewandt bringt es Ihnen neue Kräfte für die weiteren Anforderungen des Tages an Sie.

Therapie

Ziel jeder Therapie ist die Schmerzlinderung und wenn möglich die völlige Schmerzausschaltung.

Dabei ist diejenige Schmerzbehandlung zu bevorzugen, bei der die Bekämpfung der Schmerzursache im Vordergrund steht. Dies ist das Ziel von Rücken-, Knie- und Schulterschule, die in erster Linie dazu anleiten, ungünstige Haltungs- und Bewegungsformen zu vermeiden, und dies ist auch das Ziel dieses Buches.
Ist es bereits zu einem Schaden gekommen, gilt es um so mehr, die verhaltensmedizinischen Programme zu beachten.

Therapieziele

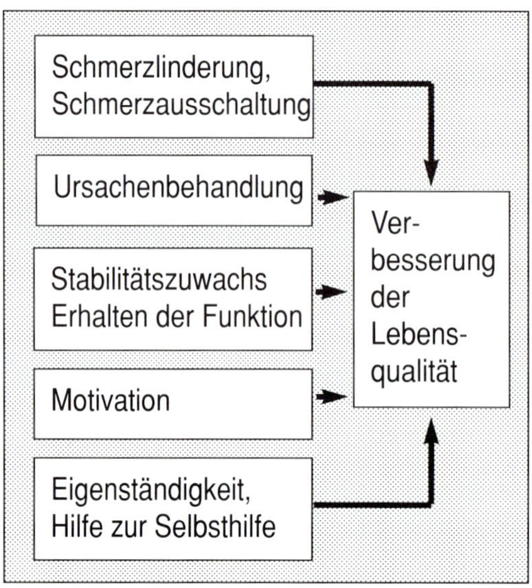

Therapiemöglichkeiten

1. Eigenes Verhalten (gelenk- und wirbelsäulenschonend)
2. Verhaltensmedizinische Maßnahmen
3. Neuraltherapie
4. Akupunktur
5. Physikalische Therapie
6. Medikamentöse Therapie
7. Manuelle Therapie
8. Operation

Durch diese Maßnahmen können direkt oder indirekt Verletzungen, Schäden und Schmerzen beeinflußt werden.

1. Eigenes Verhalten
Hiermit ist wirbelsäulen- und gelenkschonendes Verhalten gemeint. Es gilt die Regeln der Knie-, Schulter- und Rückenschule, insbesondere im Notfall, bei Beschwerden und nach Operationen, streng zu beachten.

2. Verhaltensmedizinische Maßnahmen
Diese Therapieformen werden im Kapitel Verhaltensmedizin näher erläutert.

3. Neuraltherapie und
4. Akupunktur
Mit Hilfe spezieller Formen von Reflextherapie können Beschwerden günstig beeinflußt werden. Mit Nadeln werden bestimmte Körperpunkte gereizt, was zu einer Reaktion im Körper (z. B. bessere Durchblutung, Muskelentspannung, Nervenberuhigung etc.) führen

kann. Bei der Neuraltherapie verwendet man dazu ein Lokalanästhetikum, das an bestimmte Reflexpunkte in und unter der Haut, in die Muskulatur oder direkt an einen Nerv gespritzt werden kann.

5. Physikalische Therapie

Die physikalische Therapie mit allen Ihren Teilgebieten stellt einen unverzichtbaren Bestandteil aller Behandlungsformen dar.

Thermotherapie:

Diese Art der Behandlung umfaßt einerseits die Wärmetherapie im Sinne von Wärmezufuhr, sowie anderseits die Kältetherapie im Sinne von Wärmeentzug. Beide Formen können sowohl lokal als auch zur Ganzkörpertherapie angewendet werden. Dabei ist die individuelle Wirkung nicht exakt vorhersagbar. Sie ist vielmehr abhängig von der entsprechenden Störung des menschlichen Organismus und vom jeweiligen Ansprechen des betroffenen Patienten auf Wärme oder Kälte. Ähnliches gilt für die

Elektrotherapie:

Hier wird mit nieder-, mittel- und hochfrequenten elektrischen Strömen versucht, Reiz- und Schwellungszustände günstig zu beeinflussen sowie die Muskulatur zu entspannen bzw. bei Lähmungserscheinungen Nervenbahnen und Muskulatur zu stimulieren.

Strahlentherapie:

Hierbei versucht man, mit Hilfe spezieller Röntgenstrahlen überschießende Entzündungsvorgänge zu stoppen.

Balneo- und Klimatherapie:

Mit Badekuren und Meerestherapie, Trinkkuren, Heilstollenbehandlungen und Aufenthalt in speziellen klimatischen Regionen soll ein günstiger Einfluß auf körperliche und psychische Störungen ausgeübt werden.

Krankengymnastik und Massagen:

Die wohl wichtigste Säule der physikalischen Therapie ist die Krankengymnastik. Die Krankengymnastik sollte möglichst aus einer Entlastungshaltung oder sogar unter Entlastung z. B. in Form der Unterwassergymnastik durchgeführt werden. Die Krankengymnastik beinhaltet – falls erforderlich – auch Teilmassagen. Es darf jedoch nicht übersehen werden, daß zum Beispiel die durchblutungsfördernde Wirkung aktiver Übungen die der reinen Massage um ein Vielfaches (Verhältnis etwa 10 : 1) übertrifft. Es gibt zahlreiche aktive und passive krankengymnastische Methoden für Kinder und Erwachsene wie Stemmübungen, Komplexübungen, manuelle Therapie und viele mehr.

6. Medikamentöse Therapie

Unterstützend zu den Maßnahmen 1 – 5 ist es manchmal sinnvoll und notwendig, eine medikamentöse Therapie einzusetzen. Je nach Hauptursache werden folgende Medikamentengruppen verabreicht:

- entzündungshemmende Mittel wie Acetylsalicylsäure oder Kortison,
- Enzympräparate,
- muskelentspannende Mittel,
- stimmungsaufhellende und entspannende Mittel.

- Externa wie Gel, Salbe, Creme und Lotion können einen günstigen Einfluß auf Körpergewebe ausüben. Sie werden lokal aufgetragen, einmassiert oder in Form von Okklusivverbänden (geschlossene Verbände mit einer Klarsichtfolie) benutzt. Es besteht ferner die Möglichkeit, sie in Verbindung mit elektrischen Strömen wie galvanischem Strom in Form von Iontophorese oder in Verbindung mit Ultraschall als Phonophorese anzuwenden.

7. Manuelle Therapie (Chirotherapie)

8. Operation
Sind alle konservativen Möglichkeiten ausgeschöpft, kann es notwendig sein, einen operativen Eingriff durchzuführen. So ist etwa bei bestimmten Verletzungen eine Operation oft unumgänglich. Das sollten Sie im Einzelfall mit Ihrem behandelnden Arzt besprechen.

Vorbeugung
Der interessierte (gesundheitsbewußte) Breitensportler sollte in jedem Fall eine sportmedizinische Untersuchung durchführen lassen. Diese Untersuchung sollte sowohl internistische Aspekte wie Blutdruck, Kreislaufprüfung, Belastungs-EKG und Lungenfunktionsprüfung als auch eine orthopädische Vorsorgeuntersuchung umfassen.
Mögliche Fehlerquellen, die vielleicht auch anlagebedingt sind, sollen so frühzeitig erkannt werden, um dann gezielt körperlichen Schäden durch sportliche Betätigung vorzubeugen.

Erstversorgung bei Sportverletzungen

Leider kann es auch bei bester Vorbeugung zu Verletzungen kommen.
Helfen Sie bei Verletzungen nach folgendem Schema:

R I C E – Prinzip

Rest	=	Ruhigstellung
Ice	=	Eis
Compression	=	Druckverband
Elevation	=	Hochlagerung und Entlastung

oder **P E C H**

P	=	Pause
E	=	Eis
C	=	Compression
H	=	Hochlagerung

Stellen Sie den Verletzten dann einem Arzt (möglichst einem Sportmediziner) vor.

Die oben dargestellten Maßnahmen sind einfach und praktisch überall durchzuführen. Dazu sind zunächst weder Röntgen, Computertomogramm oder sonstige aufwendige apparative Verfahren notwendig.

Einzig und allein gefordert sind: Hirn und Hände.
Wenn Sie wie oben gezeigt handeln, geben Sie einem Verletzten die beste Hilfe.

Eine einfache und dennoch sinnvolle Maßnahme zur Unterstützung der Therapie bei

Überlastungsbeschwerden von Sehnen, Muskeln und Gelenken ist die Anwendung lokaler Umschläge mit gekühltem Magerquark. Dieser wird dünn auf eine selbsthaftende Klarsichtfolie aufgetragen und nun um das gereizte Gelenk (oder Körperteil) geschlungen. Belassen Sie diesen »Verband« für ca. 1/2 Stunde. In dieser Zeit können Sie Übungen aus einer Entlastungshaltung durchführen. Über Nacht bieten sich dann Okklusivverbände an, die Sie mit einer dafür geeigneten Salbe/Creme durchführen.

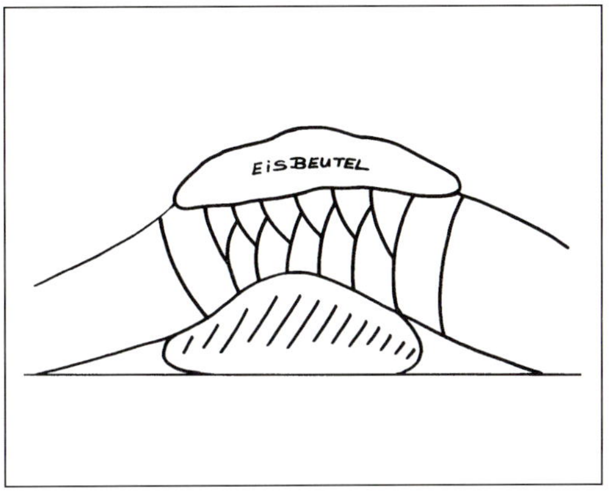

Kurzform der Rücken-, Knie- und Schulterschule

Nachfolgend werden die Rückenschule, die Knieschule und die Schulterschule in Kurzform dargestellt.

Alle drei verhaltensmedizinischen Programme haben zwei Bestandteile gemeinsam:
1. günstiges Verhalten für Rücken, Knie und Schulter,
2. sinnvolles Training der beteiligten Muskulatur.

Rückenschule
wirbelsäulengerechtes Verhalten im Alltag

Die 10 Regeln

1. Du sollst Dich bewegen!
2. Halte den Rücken gerade!
3. Gehe beim Bücken in die Hocke!
4. Hebe keine schweren Gegenstände!
5. Verteile Lasten und halte sie dicht am Körper!
6. Halte beim Sitzen den Rücken gerade und stütze den Oberkörper ab!
7. Stehe nicht mit gestreckten Beinen!
8. Liege nicht mit gestreckten Beinen!
9. Treibe Sport, am besten Kraul- oder Rückenschwimmen, Laufen oder Radfahren!
10. Trainiere täglich Deine Wirbelsäulenmuskeln!

Knieschule
kniegerechtes Verhalten im Alltag

Die 8 Regeln

1. Bewege die Knie!
2. Stelle beim Bergabgehen die Füße nach außen!
3. Richte Deinen Arbeitsplatz rücken- und kniefreundlich ein!
4. Gestalte Deinen Alltag kniefreundlich!
5. Benutze beim Sport sinnvolle Hilfsmittel!
6. Halte die Knie warm!
7. Vermeide Übergewicht!
8. Trainiere täglich Deine Beinmuskulatur!

Schulterschule
schultergerechtes Verhalten im Alltag

Die 4 Regeln

1. Vermeide Überkopfbewegungen im Alltag und Sport!
2. Vermeide ruckartige Bewegungen der Schulter!
3. Schone Deinen Nacken!
4. Trainiere täglich Deine Schultergürtelmuskulatur!

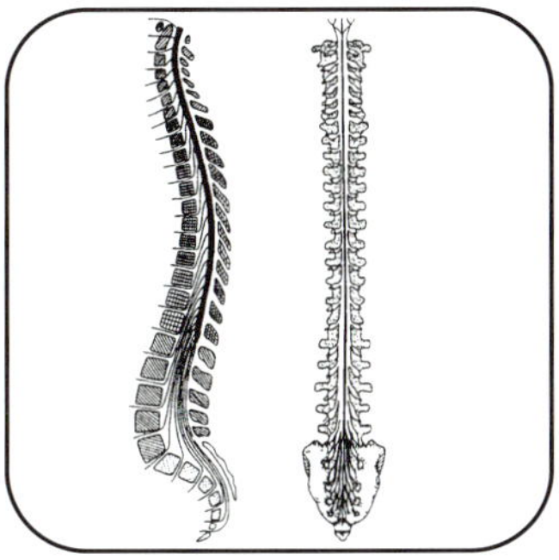

Rückenschule

Grundlagen zum Aufbau und zur Funktion der Wirbelsäule

Die Wirbelsäule besteht aus 7 Halswirbeln, 12 Brustwirbeln und 5 Lendenwirbeln. Unterhalb der Lendenwirbelwirbelsäule befindet sich das Kreuzbein, das die Verbindung zum Becken herstellt.

Am häufigsten sind die Bandscheiben der unteren Halswirbelsäule und der unteren Lendenwirbelsäule erkrankt.

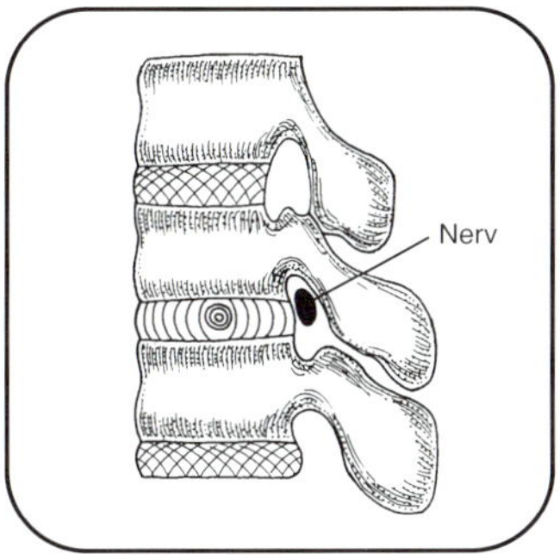

Zwei benachbarte Wirbel bilden mit der dazwischen liegenden Bandscheibe ein Bewegungssegment.

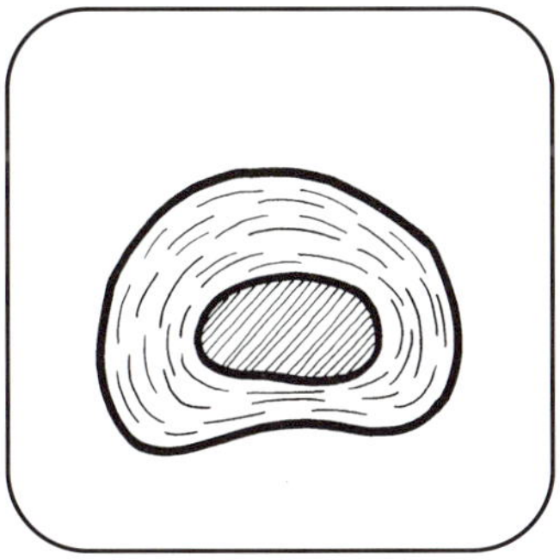

Die Bandscheibe setzt sich aus dem Gallertkern (weiche Masse) und dem Bandscheibenring (feste Fasern) zusammen.

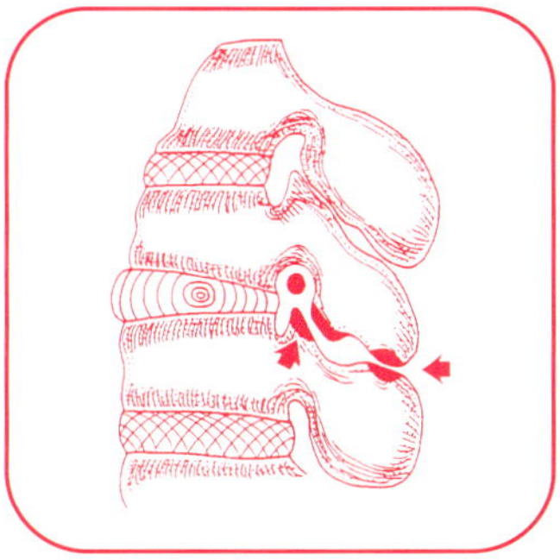

Beim Hohlkreuz werden alle Wirbelgelenkflächen verschoben und ineinandergedrückt. Die Zwischenwirbellöcher sind eingeengt, die Dornfortsätze berühren sich.

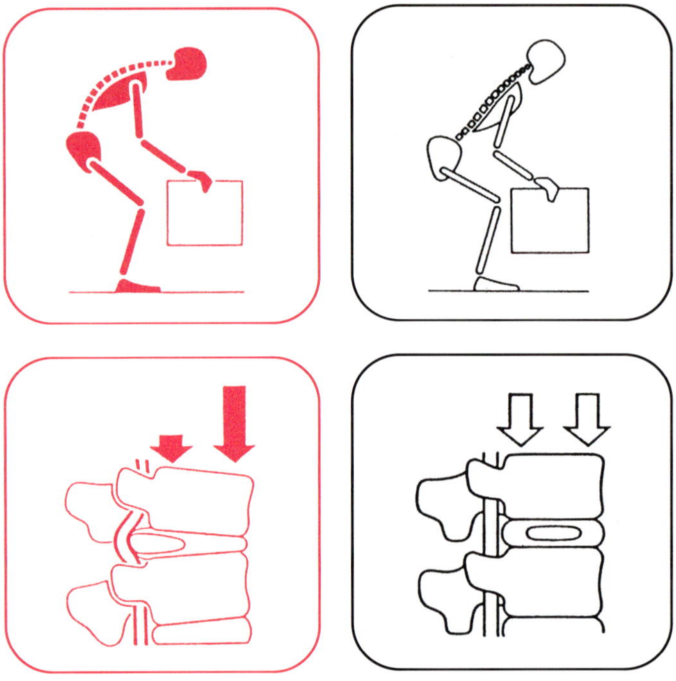

Beim Vornüberbeugen verlagert sich der Bandscheibenkern nach hinten und drückt auf das Rückenmark oder die seitlich austretenden Nervenwurzeln. Im schlimmsten Fall reißt der Bandscheibenring und Gewebe fällt in den Wirbelkanal (Bandscheibenvorfall).

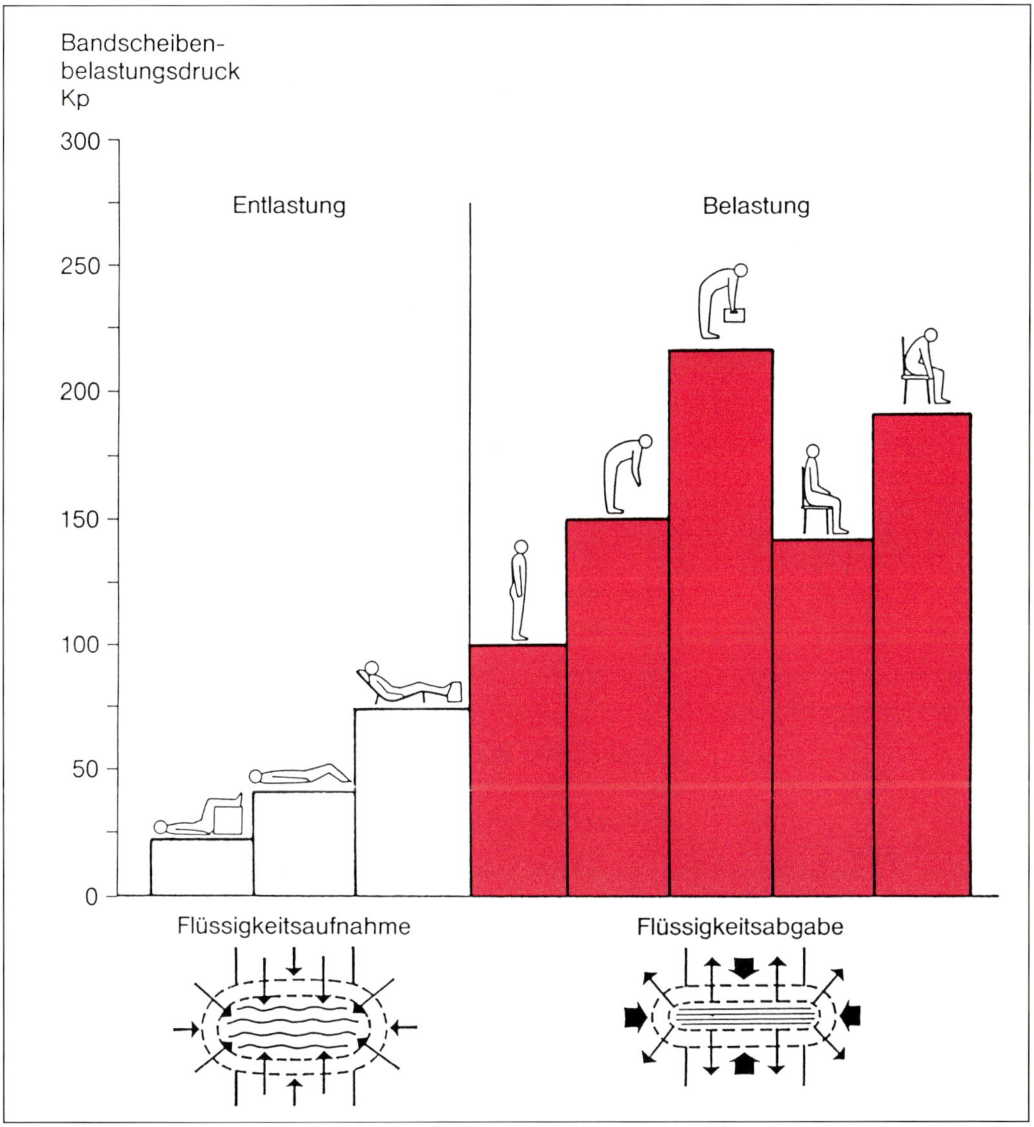

Belastungsdruck der Lendenbandscheiben in den verschiedenen Körperpositionen und Flüssigkeitsverschiebungen an der Bandscheibengrenze.

Die Ernährung der Bandscheiben wird durch den Wechsel von Be- und Entlastung gewährleistet. Vereinfacht kann man sie sich wie einen Schwamm vorstellen. Beim Zusammenpressen (Belastungsphase) werden Flüssigkeit und Schlackenstoffe ausgeschieden, in der Entlastungsphase saugt sich der Schwamm mit frischer Flüssigkeit und Nähstoffen voll. (Untersuchungen von Nachemson und Krämer)

Die 10 Regeln der Rückenschule

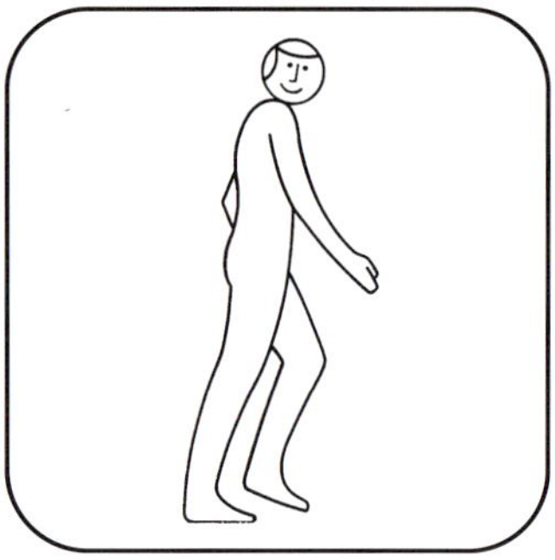

1. Du sollst Dich bewegen!
Bewegung hält fit und schützt den Körper, besonders die Bandscheiben leben von der Bewegung.

2. Halte den Rücken gerade!
Die aufrechte Haltung schont die Wirbelsäule und stärkt die Rumpfmuskulatur.

3. Gehe beim Bücken in die Hocke!
So vermeiden Sie den Rundrücken. Die Rundrückenhaltung ist besonders bei Belastung gefährlich.

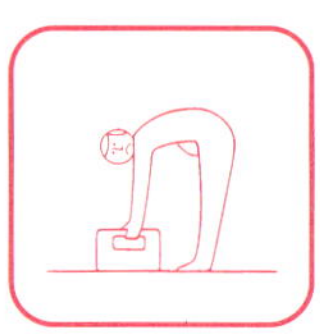

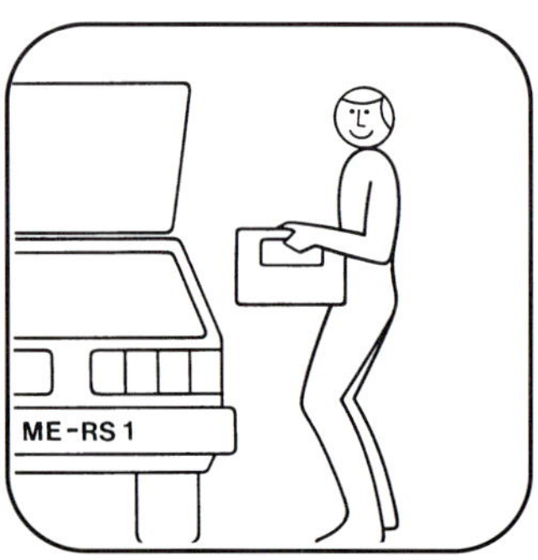

4. Hebe keine schweren Gegenstände!
Der Rückenpatient sollte keine schweren Gegenstände heben. Ansonsten gilt: Körpernah tragen und heben, die Rumpfmuskeln anspannen um die Wirbelsäule zu entlasten.

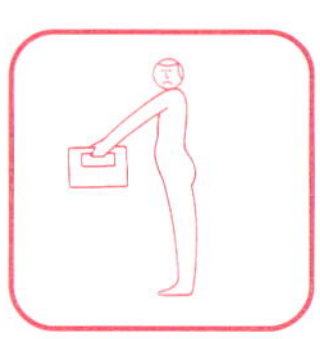

5. Verteile Lasten und halte sie dicht am Körper!
Keine einseitigen Belastungen für die Wirbelsäule, keine Drehbewegungen des Rumpfes unter Belastung – sonst werden die Bandscheiben gequetscht und die Wirbelgelenke verkantet.

6. Halte beim Sitzen den Rücken gerade und stütze den Oberkörper ab!
Wechseln Sie häufig Ihre Sitzpositionen. Sitzen Sie entspannt mit entlastetem Rücken. Sitzen Sie »aktiv«. Dabei müssen die Rumpfmuskeln den Rücken gerade halten.

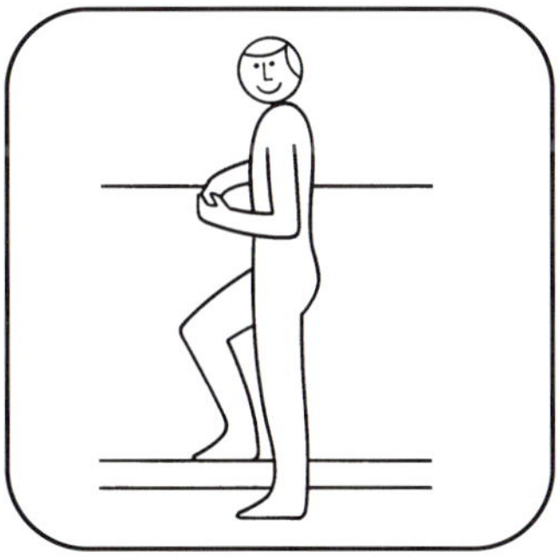

7. Stehe nicht mit gestreckten Beinen!
Stehen Sie locker – ein Bein leicht gebeugt. Versuchen Sie, sich abzustützen. Der beste Stand ist der Thekenstand (oder der Stand am Stehpult).

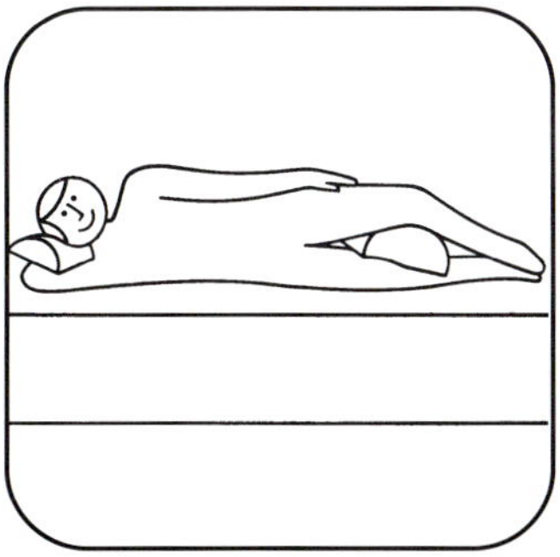

8. Liege nicht mit gestreckten Beinen!
Denken Sie daran, auch im Liegen Ihrer Wirbelsäule eine möglichst gerade Lage zu ermöglichen, dann kann sie sich gut erholen.

9. Treibe Sport, am besten Kraul- oder Rückenschwimmen, Laufen oder Radfahren!
Wirbelsäulengerechter Sport hält fit und jung!

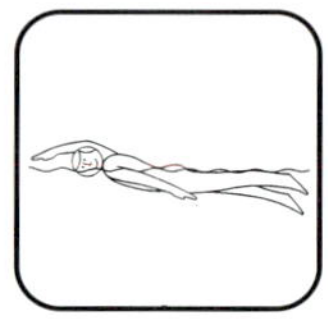

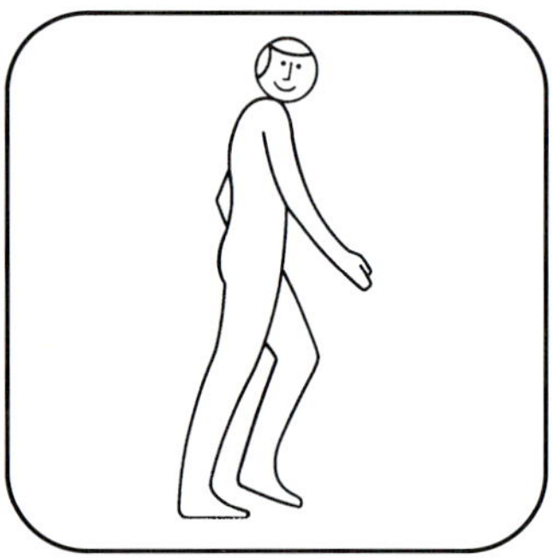

10. Trainiere täglich Deine Wirbelsäulenmuskeln!
Nur regelmäßiges Training stärkt Ihren Körper und verhindert den Muskelabbau. Achten Sie immer auf die korrekte Ausführung! Training der Muskulatur sollte unter Entlastung der Wirbelsäule erfolgen.

Es gibt wirbelsäulenfreundliche Sportarten und Übungen und solche, die Wirbelsäulenschäden geradezu provozieren. Eine Auswahl wird hier kurz vorgestellt:

bandscheiben-unfreundliche Sportarten	bedingt bandscheiben-freundliche Sportarten	bandscheiben-freundliche Sportarten
Kampfsport	Fußball	Tanzen
Golf	Prellball	Wandern
Tennis	Völkerball	Laufen
Skiabfahrtslauf	Handball	Radfahren
Snowboard	Volleyball	Schwimmen
Segeln	Basketball	Musikgymnastik
Rudern	Turnen	Skilanglauf
Kanu	Tischtennis	Reiten
Kanadier	Aerobic	Mini-Trampolin
Windsurfen	Bergwandern	
Wasserski	Bodybuilding	
Turmspringen	Springreiten	
Feld- und Eishockey	Military	
Squash		
Badminton		
Trampolin		
Motocross		
Automobilrennsport		
Mountainbike		

Im Rahmen der Rückenschule gilt es vor allem, die Muskeln aufzutrainieren, die zur Stabilität des Rumpfes beitragen und die gelockerten Bewegungssegmente stabilisieren.

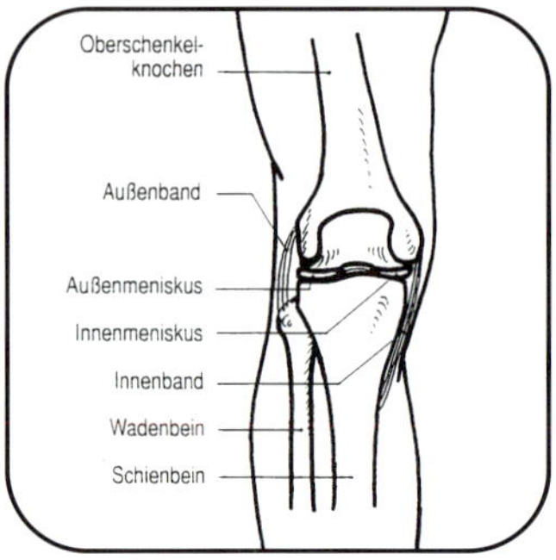

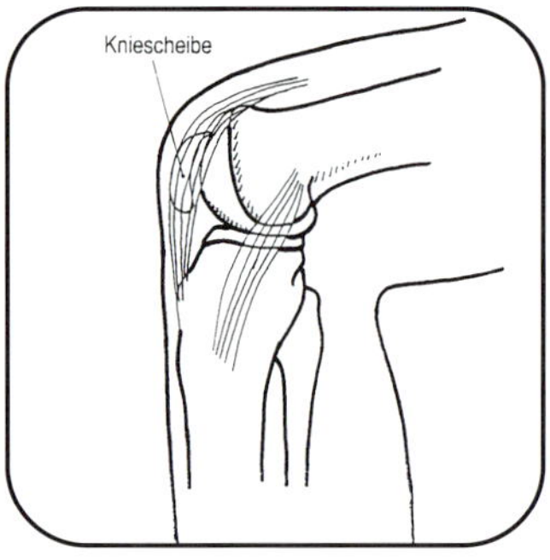

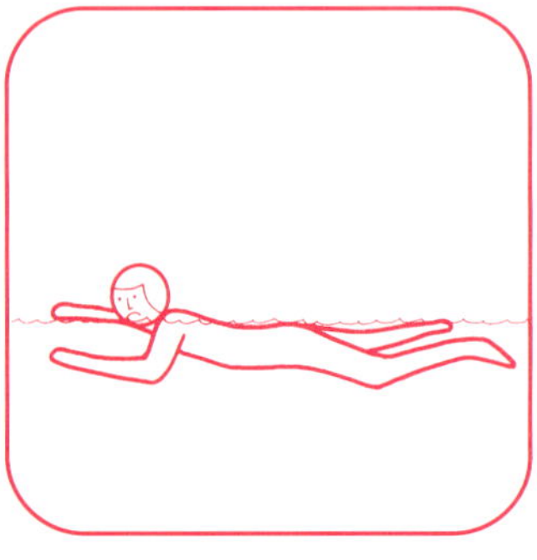

Knieschule

Wissenswertes zu Anatomie und Physiologie des Kniegelenkes

Das Kniegelenk ist das komplizierteste Gelenk unseres Körpers. Es wird aus dem Oberschenkelknochen und dem Schienbeinknochen sowie der Kniescheibe gebildet. Die Kniescheibe besitzt eine Gelenkfläche, die auf den Oberschenkelknochen ausgerichtet ist. Auch das Wadenbein ist für Stabilität und Drehbewegung des Unterschenkels funktionell wichtig.

Die Gelenkflächen sind mit einer druck- und biegungselastischen Knorpelschicht überzogen. Zum Ausgleich von Flächenunregelmäßigkeiten sind zwischen den Gelenkflächen des Oberschenkels und des Schienbeines halbmondförmige Knorpelscheiben (Menisken) eingeschoben.

Bei der Kniebewegung verändern die Menisken ihre Position und ermöglichen dadurch eine größere Beweglichkeit des Gelenkes. Ein Bandapparat stützt und festigt das Knie. Er besteht aus innerem und äußerem Seitenband, vorderem und hinterem Kreuzband; das innere Seitenband ist fest mit dem Innenmeniskus verbunden.

Die Seitenbänder haben die Aufgabe, dem Kniegelenk Seitenhalt zu geben; die Kreuzbänder sorgen dafür, daß das Knie nicht nach vorne oder hinten verrutschen kann. Das Kniegelenk entspricht mechanisch einem Dreh-Winkelgelenk; daher können nicht nur Scharnierbewegungen, sondern auch leichte Drehungen in Kniebeugung durchgeführt werden. Bei der endgradigen Streckung kommt es zwangsläufig zu einer leichten Außendrehung des Unterschenkels. Aus dieser Bewegungsfunktion erklärt sich unter anderem die Tatsache, daß sich scharfe, schnelle Streckbewegungen, wie sie für das Fußballspiel typisch sind (Abspiel, Torschuß), auf Dauer ungünstig auf das Kniegelenk auswirken. Der Beinschlag beim Brustschwimmen und tiefe Kniebeugen unter Belastung (Gewichtheben) überlasten, wenn sie über einen längeren Zeitraum durchgeführt werden, ebenfalls die Menisken und lockern zudem den Bandapparat aus.

Das tägliche Verhalten ist für die Gesundung und Gesunderhaltung wichtiger als Medikamente!

Das Knieschulprogramm empfiehlt sich besonders für Personen, die berufsbedingt ihre Knie belasten müssen; ebenso aber auch für viele Breiten- und besonders Spitzensportler.

Es eignet sich zudem für Patienten, die bereits einen Knorpelschaden im Knie- oder Kniescheibengelenk haben.

Nach Knieoperationen gilt es, ein spezielles Übungs- und Verhaltensprogramm auf den jeweiligen Einzelfall bezogen anzuwenden.

Die goldenen Regeln der Knieschule

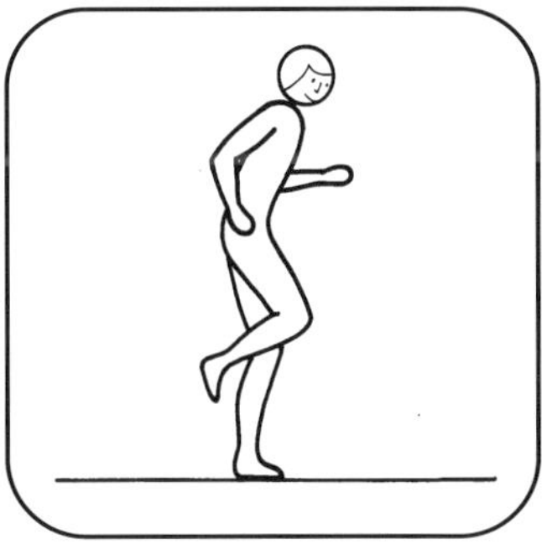

1. Bewege die Knie!
Bewegung sorgt für die »Schmierung« der Körpergelenke. Nach Möglichkeit sollten vor jeder Belastung unbelastete Gelenkbewegungen durchgeführt werden. Daraus ergibt sich ein Training der gelenkbezogenen Muskulatur und eine Schonung von Knochen, Knorpel und Bändern. Einer vorzeitigen Gewebedegeneration kann auf diese Weise vorgebeugt werden.

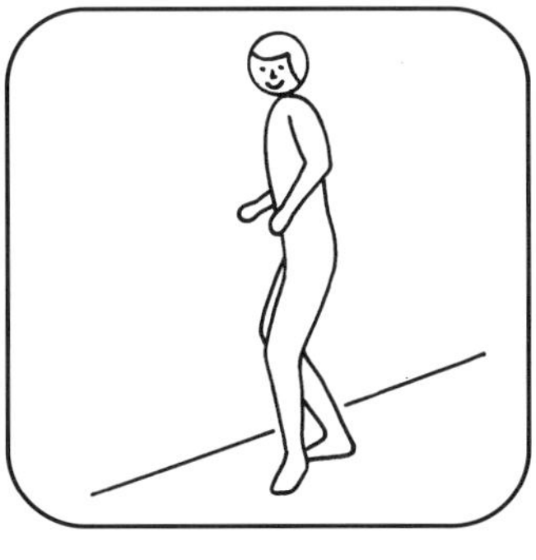

2. Beim Bergabgehen die Füße nach außen stellen!
Gehen Sie Bergab im sogenannten »Kellnerschritt«. Dieser Gang, den man auch bei den Bergbauern beobachten kann, schont die Knie.

3. Richte Deinen Arbeitsplatz rücken- und kniefreundlich ein!

Falls Ihr Beruf langes Stehen oder Sitzen erfordert, sollten Sie Ihre Knie von Zeit zu Zeit bewegen. Führen Sie mindestens einmal in der Stunde eine leichte Körperübung durch. Indem Sie die »Venenpumpe« aktivieren, können Sie auch Krampfaderbeschwerden entgegenwirken. Bleiben Sie nach Möglichkeit nicht über mehrere Stunden ständig an Ihrem Arbeitsplatz sitzen, sondern stehen Sie zwischendurch immer für eine leichte Fußgymnastik auf. Sie können auch nebenbei stehend telefonieren oder Akten ordnen.

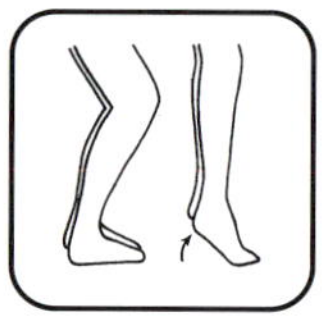

4. Gestalte Deinen Alltag kniefreundlich!

Knien Sie bei der Gartenarbeit nicht auf hartem Untergrund und vermeiden Sie es, für längere Zeit in die tiefe Hocke zu gehen. Benützen Sie dabei ein altes Kissen, das den Druck auf das Kniegelenk mindert. Beruflich besonders belastete Personen, z. B. Fliesenleger, sollten zusätzlich eine stoßdämpfende Kniekappe tragen.

5. Benutze beim Sport sinnvolle Hilfsmittel!

Bei gesteigerter sportlicher Belastung kann sich manchmal eine spezielle Kniekappe als günstig erweisen. Sie vermindert den Anpreßdruck auf das Kniescheibengleitlager und bewirkt dadurch eine Entlastung des Gelenks.

6. Halte die Knie warm!

Bedecken Sie die Knie (z. B. mit den Händen), während Sie mit dem Sessellift fahren (beim Skifahren, bei der Bergtour im Sommer).

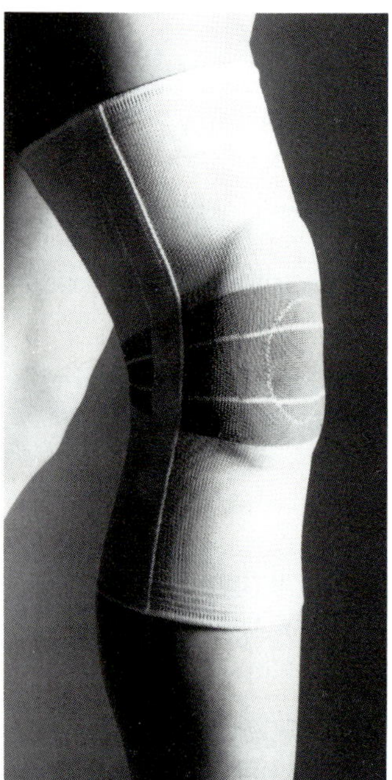

Nützliche Kniegelenksbandage

7. Vermeide Übergewicht!
Jedes Pfund zuviel belastet auch die empfindlichen Kniegelenke unnötig.

8. Trainiere täglich Deine Beinmuskulatur!
Für das Aufbautraining der am Kniegelenk wirksamen Muskeln bzw. Muskelgruppen sollte nach Möglichkeit ein Gleichgewicht der Muskelgruppen angestrebt werden, d. h., stärken Sie nicht nur die Streckmuskulatur des Oberschenkels (da diese die Kniescheibe nach außen zieht), sondern trainieren Sie auch die Beugemuskulatur an der Rückseite und besonders die Muskulatur an der Innenseite der Oberschenkel.

Übungen der Knieschule

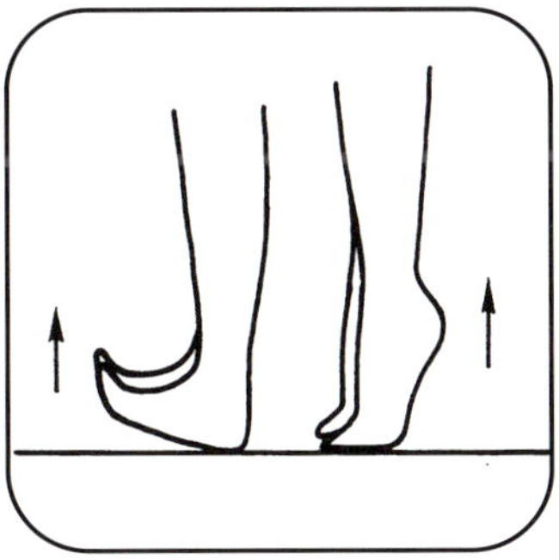

Übung 1
Stellen Sie sich auf die Zehenspitzen. Senken Sie nun die Füße wieder ab (die Füße sollten dabei ganz betont abgerollt werden). Stellen Sie sich dann langsam auf die Fersen. Zehen dabei soweit wie möglich hochziehen und wieder senken. (10x)

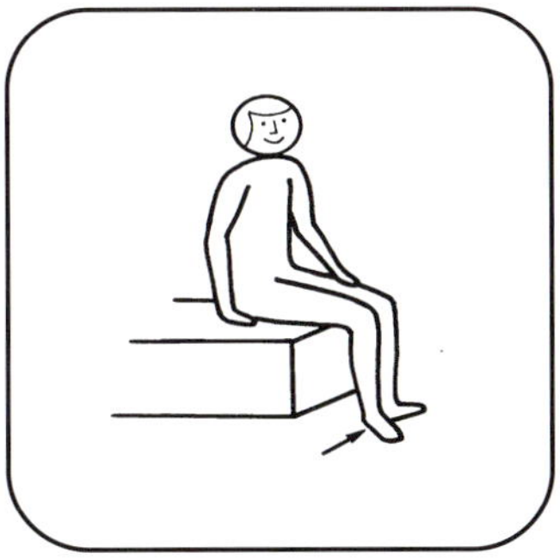

Übung 2
Sitzen Sie wieder bequem, die Knie um etwa 30° Grad gebeugt. Jetzt drehen Sie zunächst den rechten Fuß ganz nach außen, setzen die linke Ferse senkrecht auf die rechte Ferse und drücken anschließend mit dem ganzen rechten Bein nach links. Die linke Ferse hat hierbei nur Haltefunktion. In dieser Position sollten Sie 7 Sekunden verharren.

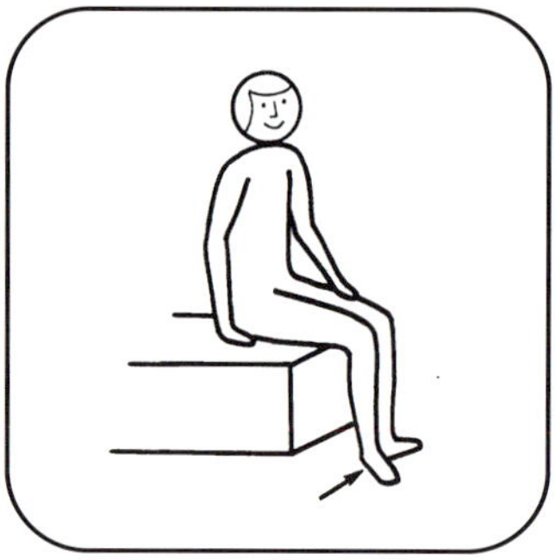

Übung 3

Führen Sie die Übung 2 nun durch, indem Sie mit dem Unterschenkel impulsartig 10x eine Sekunde lang drücken. Die Sekundenanspannung bedeutet nur für diesen speziellen Muskel (den Vastus medialis) einen Trainingsreiz.

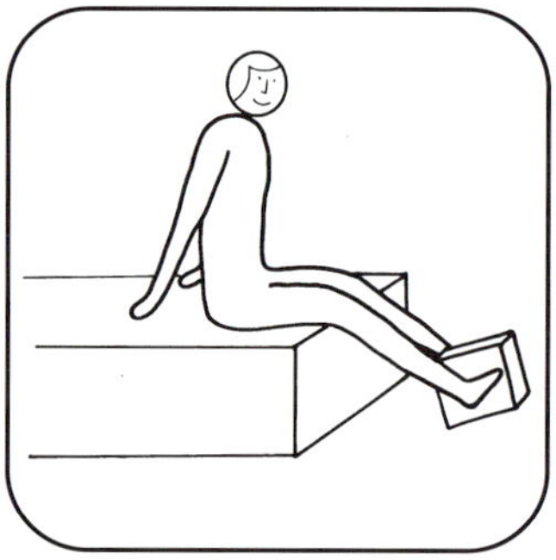

Übung 4

Setzen Sie sich bequem auf einen Stuhl mit Armlehnen oder stützen Sie sich mit den Händen ab. Beugen Sie beide Knie um etwa 30 Grad. Klemmen Sie sich ein Kissen zwischen die Fersen und heben Sie es hoch, indem Sie beide Beine strecken und setzen Sie es wieder ab (Führen Sie diese Übung 5x durch). Wenn Sie diese Übung mühelos bewältigen, verwenden Sie statt des Kissens ein Buch. Eine Verstärkung des Trainingseffektes ist möglich, wenn Sie die Beine beim Strecken soweit wie möglich nach innen drehen.

Übung 5

Stützen Sie sich in Rückenlage mit leicht aufgerichtetem Oberkörper auf beiden Unterarmen ab. Drehen Sie nun die gestreckten Beine soweit es geht nach innen und drücken dabei mit den Großzehen aneinander. Diese Übung führen Sie 5x durch.

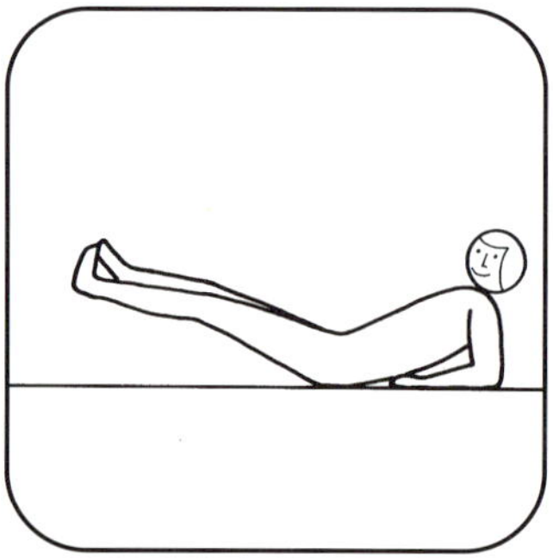

Übung 6

Heben Sie die nach innen gedrehten und gestreckten Beine etwa 30 cm vom Boden hoch. Aus dieser Übung resultiert gleichzeitig ein hervorragendes Training der Bauchmuskulatur. Hinweis: Führen Sie diese Übung nur durch, wenn es Ihnen möglich ist, den Bauch maximal einzuziehen und die Lendenwirbelsäule praktisch nach hinten herauszudrücken. Führen Sie diese Übung 10x durch.

Übung 7
Legen Sie sich – den Oberkörper wieder leicht aufgerichtet – auf den Rücken. Stützen Sie sich mit den Unterarmen ab. Ein Knie wird gebeugt, das andere gestreckte Bein wird nun vom Boden abgehoben und die Fußspitze zum Körper hingezogen. Führen Sie diese Übung 5x durch. Diese Übung kann ebenso im Sitzen durchgeführt werden.

Übung 8
Nehmen Sie wieder die Ausgangsstellung in Rückenlage ein. Heben Sie erst die gestreckten Beine im Wechsel. Spreizen Sie dann die Beine ab und an (Bauch einziehen nicht vergessen!). Führen Sie diese Übung 10x durch.

Bei allen Übungen denken Sie bitte daran, den Bauch fest einzuziehen. So schützen Sie Ihre Wirbelsäule und kräftigen gleichzeitig Ihre Bauchmuskulatur.

Vermeiden Sie ungünstiges Verhalten für die Knie

1. **Knie unter Belastung nicht über 30 Grad beugen!**
   D.h. die »klassischen« Kniebeugen vermeiden; beim Training Kniebeugen nur bis maximal 30 Grad ausführen – sowohl aus dem Stand als auch mit dem Beincurler

2. **Kein knien!**

3. **Keine Drehung des Oberkörpers bei fixiertem Unterschenkel und Fuß!**

4. **Kein kicken!**

5. **Harte Stöße und Sprungsportarten vermeiden, Hallentraining nur in Hallen mit Schwingböden durchführen, auf gute Schuhe achten, keine hohen Absätze tragen!**

6. **Übergewicht vermeiden bzw. abbauen!**

Geeignete und ungeeignete Sportarten

knieunfreundliche Sportarten	bedingt kniefreundliche Sportarten	kniefreundliche Sportarten
Kampfsport	Windsurfen	Fahrradfahren
Gewichtheben	Segeln	Reiten
Bodenturnen	Tennis	Joggen
Fuß-, Handball	Jazzgymnastik	Rückenschwimmen
Volley-, Basketball	Rudern	Schießsport
Squash, Badminton		Rollschuhfahren
Fechten		Bodybuilding
Hoch-/Dreisprung,		Skilanglauf
Hürdenlauf		
Wurfdisziplinen (bes. Speerwerfen, Diskus, Hammerwurf)		
Kanu, Kanadier		
Golf		
Wasserski		
Skateboarding		
Ballett		
Abfahrtsski		
Brustschwimmen		
Hockey		

Viele Sportarten können – auch wenn Sie nicht kniefreundlich sind – durchgeführt werden (besonders als Ausgleichssport), indem man durch eine gezielte Prophylaxe Schäden in Grenzen hält. Die beste Vorbeugung ist ein regelmäßiges Training der Beinmuskulatur und ein weitgehend kniegerechtes Verhalten im täglichen Leben.

Schulterschule

Zum besseren Verständnis seien eingangs einige wichtige anatomische und physiologische Grundlagen der Schulterschule erläutert.

Die große Beweglichkeit des Schultergelenks wird durch die relativ kleine Gelenkpfanne möglich, auf welcher der kugelige Oberarmkopf gleiten kann. Zur Gelenksicherung ist eine kräftige Muskel- und Sehnenkappe, die den Oberarmkopf fest in der Gelenkpfanne hält, unbedingt notwendig. Eine der wichtigsten Sehnen dieses Sehnenspiegels ist die sogenannte Supraspinatus-Sehne. Diese liegt dem Oberarmkopf von oben auf und gleitet bei der Armabspreizung zwischen den beiden Knochen: Oberarmkopf (Humeruskopf) und Schulterhöhe (Acromion).

Wodurch entstehen Ihre Schmerzen ?

Durch Über- oder Fehlbelastung kann es zu Verschleißerscheinungen und Reizzuständen der Supraspinatussehne und zur Schwächung des zugehörigen Muskels kommen. Um chronischen Dauerschäden vorzubeugen, ist es unbedingt notwendig, die Sehne und den Muskel durch gezielte Übungen zu entlasten und zu kräftigen.

Es reicht nicht aus, einfach nur Muskeltraining durchzuführen, wie dies z. B. häufig beim Bodybuilding der Fall ist. Dies kann gerade für die Schulter schädlich sein.

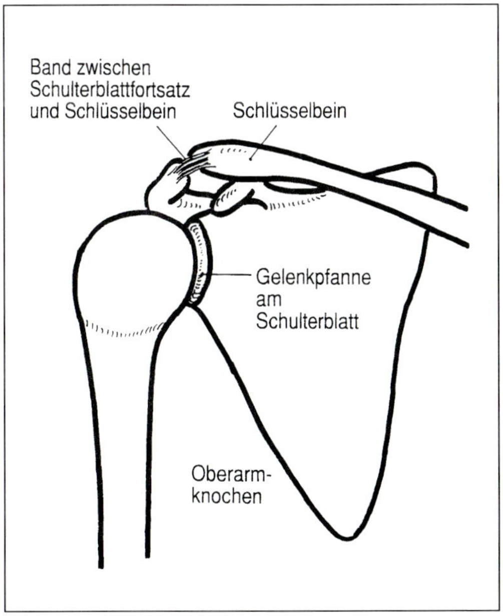

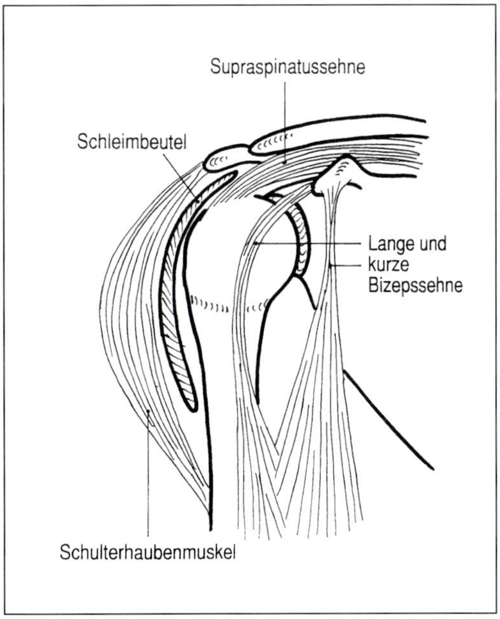

Rechtes Schultergelenk von vorne

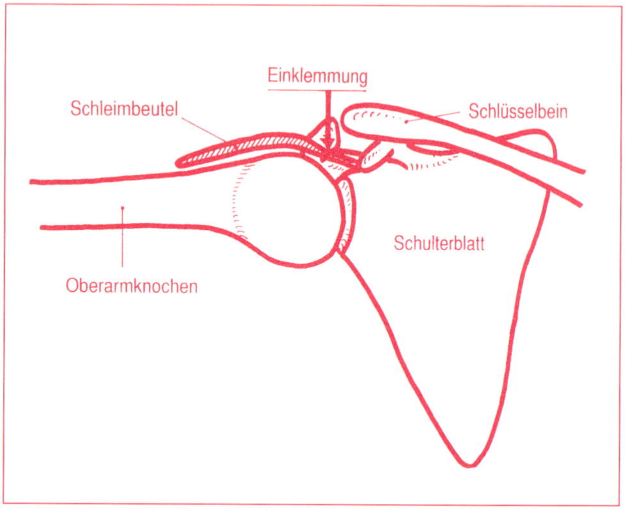

Werden z. B. die Bizepsmuskeln und der Schulterhaubenmuskel zu stark trainiert – was meistens der Fall ist – kommt es zu vorzeitigem Verschleiß wichtiger Strukturen der Schulter. Dies kann bereits in jungen Jahren, d. h. schon ab dem 20. Lebensjahr, chronische Beschwerden verursachen. Dadurch, daß einige Muskeln wie oben beschrieben zu kräftig sind, wird der Oberarmkopf beim Anheben des Armes zu stark nach oben gezogen. Schmerzen beim Heben und Drehen des Armes sind die Folge. Der Schmerz kann auch in Ruhestellung des Armes auftreten, besonders nachts. Häufig kann man nicht mehr auf dieser Schulter schlafen.

Inzwischen klagt jeder zehnte Patient einer orthopädischen Praxis über Schulterbeschwerden, ein Problem also von erheblicher Bedeutung.

Wie können Sie vorbeugen und die Behandlung unterstützen ?

Nachfolgend werden Ihnen Übungen gezeigt, die speziell Muskelgruppen im Schulterblattbereich trainieren. Ist diese Muskulatur gut ausgebildet, wird der Anpreßdruck der Oberarmkugel vermindert. Die Sehnen, die durch das Schulterdach ziehen, werden nicht so stark zerrieben. Der Verschleiß wird aufgehalten. Es ist besonders wichtig, diese ausgesuchten Übungen regelmäßig durchzuführen, denn die Muskeln, die die Schulter schützen, werden im täglichen Leben nur sehr wenig beansprucht. Dies gilt selbst für aktive Sportler und schwer körperlich arbeitende Menschen.

Anhand von Ultraschalluntersuchungen kann man darstellen, welche Bedeutung eben diese speziellen Muskelgruppen für die Erhaltung des Schultergelenkes haben.

Das nachfolgende Übungsprogramm soll Ihnen dabei helfen, die Gelenkfunktion günstig zu beeinflussen. Führen Sie die Übungen möglichst genau nach diesen Anweisungen durch. Sie sind nach den neuesten medizinischen Erkenntnissen gestaltet und haben sich in der Praxis gut bewährt. Die Übungen sind so angelegt, daß Sie diese überall mit den einfachsten Hilfsmitteln durchführen können.

Sinnvoll sind persönliche Instruktionssitzungen. Im Rahmen dieser Sitzungen werden alle Hintergründe und Prinzipien von Schulterbeschwerden und deren Therapie nochmals eingehend erläutert.

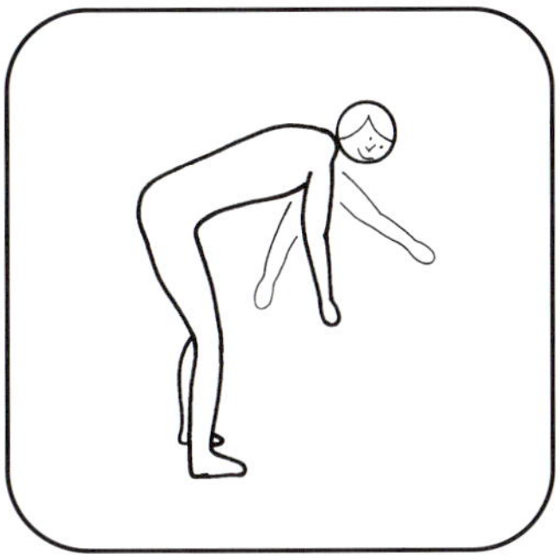

Übungsprogramm

1. Pendelübung

Stützen Sie sich mit dem gesunden Arm an einem Tisch ab und beugen Sie sich soweit vor, daß der kranke Arm frei pendeln kann. Führen Sie zunächst Bewegungen nach vorne und hinten, dann nach rechts und links und zum Schluß kreisende Bewegungen aus. Pendeln Sie locker auf diese Weise den Arm mindestens eine Minute in jede Richtung aus, bevor Sie mit den Kräftigungsübungen beginnen.

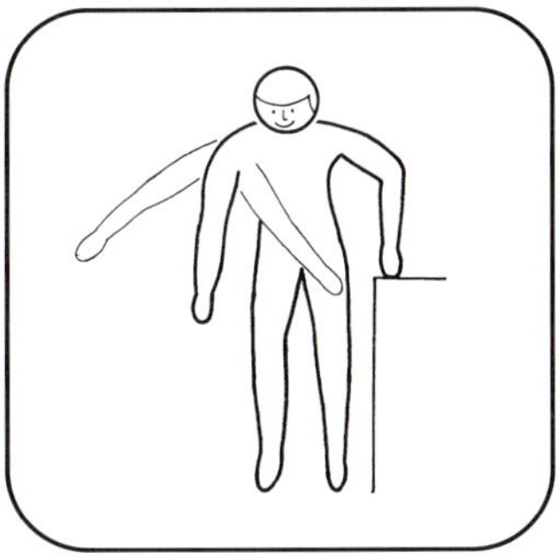

2. Aufschulung der Oberarmmuskeln

Stellen Sie sich mit Ihrem Körper parallel zum Verlauf eines leicht gespannten Gummibandes, welches etwa auf Hüfthöhe mit einem Ende fixiert ist. Fassen Sie das freie Ende bei rechtwinklig gebeugtem Ellbogen mit der Hand des verletzten Armes. Beachten Sie, daß der Oberarm während des Übens dem Oberkörper anliegt. Nun wird der Arm nach innen und außen gedreht. Die Bewegung soll nur im Schultergelenk erfolgen. Vermeiden Sie Ausweichbewegungen des Oberkörpers oder Abheben des Oberarmes vom Brustkorb.

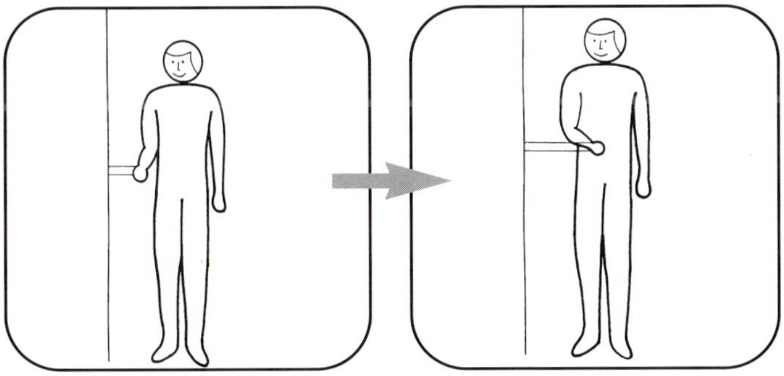

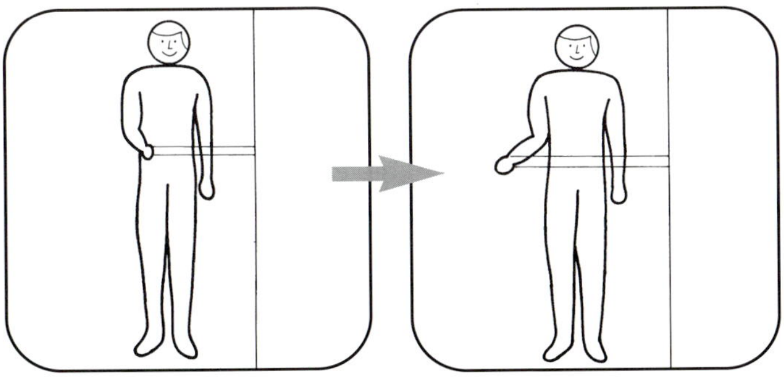

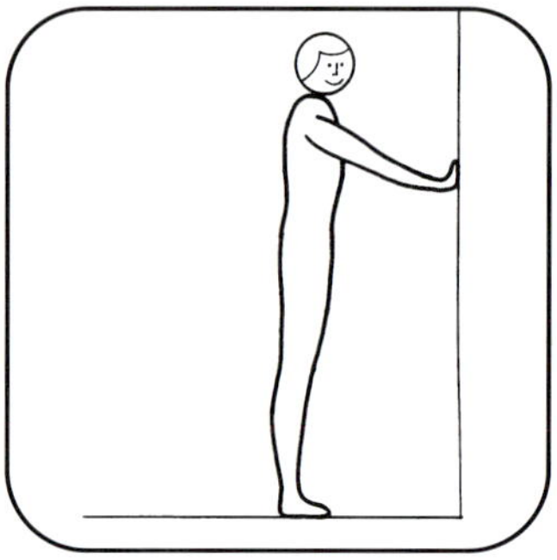

3. Aufschulung der Schulterblattmuskeln

Stellen Sie sich mit gestreckten Armen gegen eine Wand. Stemmen Sie gegen die Wand, indem Sie die Ellbogen beugen und anschließend wieder ganz strecken. Beginnen Sie anfangs, indem Sie sich mit den Füßen noch nahe an die Wand stellen. Später können Sie immer weiter weg gehen und so mehr und mehr Körpergewicht auf Ihre Arme legen.

Gleiche Ausgangsstellung. Bei gestreckten Armen schieben Sie Ihren Oberkörper Richtung Wand, so daß die Schultern nach hinten treten.

Später können Sie auch Liegestütze zu ebener Erde durchführen. Beachten Sie dabei, daß der Bauch nicht durchhängt und fest eingezogen wird. Die Arme sollten dicht nebeneinander sein.

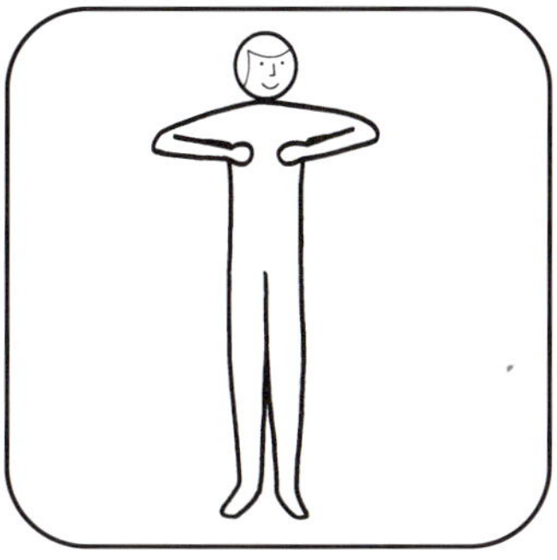

4. Kräftigung der Brust- und Schulterblattmuskulatur
Halten Sie beide Fäuste vor der Brust im Abstand von 30 cm. Nun tun Sie so, als ob Sie beide Fäuste gegeneinanderpressen und spannen dabei Brust- und Armmuskeln an (Abstand gleichhalten!). Dann tun Sie so, als ob Sie beide Fäuste auseinanderziehen und spannen Rücken- und Armmuskeln an. Ziehen Sie dabei die Schultern nach hinten unten. Immer langsam anspannen, 7 Sekunden Spannung halten, langsam entspannen.

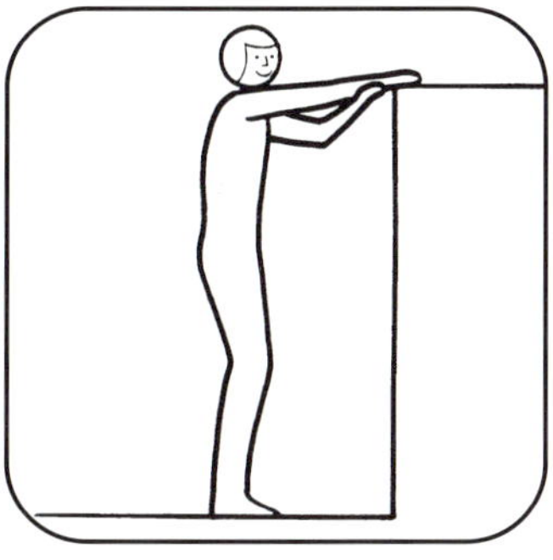

5. Übungen bei Schmerzen
Bei schmerzhaften Bewegungseinschränkungen der Schulter haben sich folgende Übungen bewährt:
Heben Sie mit dem gesunden Arm den schmerzenden Arm bis an einen Haken oder eine Schrankkante an, so daß bei diesem die Muskeln nicht angespannt werden. Nun gehen Sie in die Knie und dehnen die kranke Schulter passiv. Diese Übung führen Sie zunächst mit dem Gesicht zum Schrank, dann seitlich zum Schrank durch.

Das ungünstigste Verhalten ist eine Ruhigstellung der schmerzenden Schulter mit Anpressen des Armes an den Körper, womöglich noch das Tragen einer Armschlinge. Dies führt zu einer Verklebung der am Schultergelenk beteiligten Kapseln und Sehnen: Die betreffende Schulter wird steif, jeglicher Bewegungsversuch ist schmerzhaft.

Was vermeide ich wenn ich Schulterprobleme habe ?

Überkopfarbeiten im Alltag, z. B.:	Überkopfbewegungen beim Sport, z. B.:
Fenster putzen Gardinen aufhängen Anstreichen Regale einräumen an hohen Tischen arbeiten etc.	Werfen Schlagbewegungen Gewichte heben Bank drücken etc.

Welche Sportarten sind gut für mich ?

schulter-unfreundliche Sportarten	bedingt schulter-freundliche Sportarten	schulter-freundliche Sportarten
Kampfsport (Judo, Aikido, Karate, Taekwondo) Wurfdisziplinen (Kugel, Speerwurf, Diskus, Hammer) Turnen (Boden, Reck, Barren, Ringe, Stufen-barren, Schwebebalken Golf Handball Volleyball Tennis Squash Badminton Schwimmen (Butterfly, Delphin, Rücken) Gewichtheben Bodybuilding Fechten Boxsport	Windsurfen Rudern Wasserski Basketball Tanzsport Skateboarding Ballett Brustschwimmen Kraulschwimmen	Skilanglauf Jazzgymnastik Fahrradfahren Reiten Hockey Fußball Rollschuhlaufen Eislaufen Tanzen

Günstiges Verhalten für die Schulter schont auch Ihre Wirbelsäule!

Wirbelsäulengerechtes Verhalten im Alltag wirkt sich gleichzeitig positiv auf Ihre Schultergelenke aus!

Tagesablauf

Es ist gut möglich, ohne Zeitverlust die üblichen täglichen Verrichtungen als Teil eines Trainingsprogrammes zu gestalten. Steigerungen sind erwünscht, aber jedem selbst überlassen.

Direkt nach dem Aufwachen strecken Sie sich erstmal genüßlich aus und machen sich so lang wie es nur geht (die Tiere machen uns das vor; beobachten Sie einmal eine Katze oder einen Hund: Sie strecken sich vor jedem Aufstehen und Weglaufen ausgiebig). Jetzt winkeln Sie die Knie an und lockern Ihre Waden.

⇦ Tiger und Tom 1991

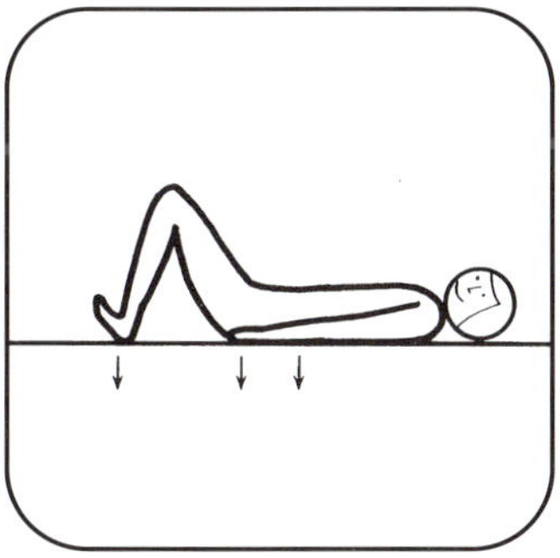

Üben Sie zunächst aus der Grundposition (diese Übungen kann man gut in einem etwas festeren Bett durchführen):
In Rückenlage winkeln Sie die Knie an und drücken die Fersen fest in den Boden. Spannen Sie das Gesäß an, indem Sie kräftig die Pobacken zusammenpressen. Ziehen Sie den Bauch fest ein und drücken Sie die Lendenwirbelsäule gegen die Unterlage. Wenn Sie die Spannung aufgebaut haben, halten Sie sie für 7 Sekunden.

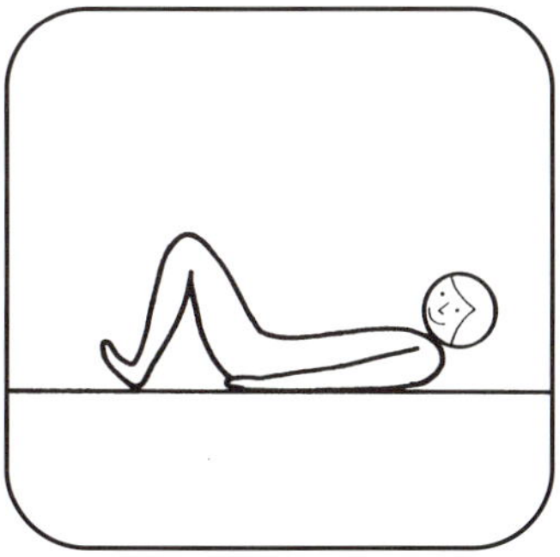

Winkeln Sie die Knie an und heben den Kopf von der Unterlage nach vorne hoch, halten ihn so 5 Sekunden lang und legen ihn dann wieder ab (diese Übung sollte fünfmal durchgeführt werden). Nun heben Sie den Kopf wieder nach vorne hoch – Sie verspüren einen deutlichen Spannungzuwachs in der Halsmuskulatur, Sie drehen den Kopf in dieser Stellung vorsichtig nach links bis zum Anschlag und wieder zurück zur Mitte und dann nach rechts zum Anschlag und wieder zurück zur Mitte, anschließend wieder den Kopf langsam ablegen (diese Übung sollte fünfmal durchgeführt werden – achten Sie bei allen Übungen auf eine gleichmäßige Atmung).

Winkeln Sie die Knie an. Stemmen Sie die Fersen in den Boden. Halten Sie die Arme leicht angewinkelt seitlich über der Unterlage und versuchen Sie mit dem Oberkörper etwas hochzukommen, indem Sie den Bauch maximal einziehen – bis zum Zittern. Halten Sie diese Spannung für 7 Sekunden und lehnen Sie sich langsam wieder zurück.
Diese wichtige Übung führen Sie wie auch die drei folgenden je zehnmal durch.

Aus der gleichen Grundposition kommen Sie mit dem Oberkörper leicht hoch und drücken mit angewinkelten Ellbogen und nach hinten gestreckten Handgelenken Richtung Knie.

Aus der gleichen Grundposition kommen Sie zehnmal Richtung linkes Knie hoch und anschließend zehnmal Richtung rechtes Knie.

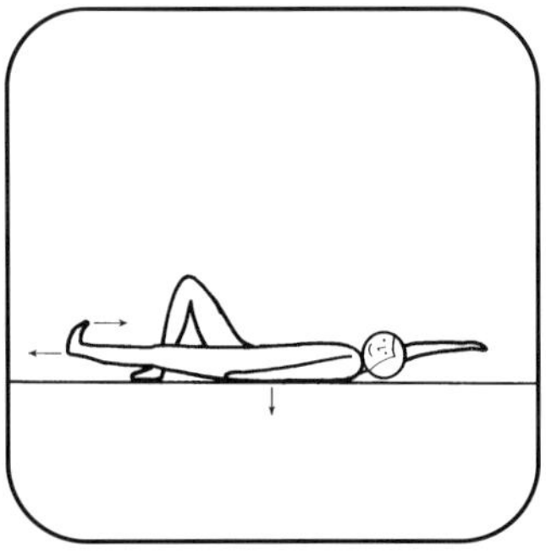

Strecken Sie aus der Grundposition das linke Bein und den rechten Arm maximal. Ziehen Sie dabei die Zehen zu sich heran und beugen Sie die Hand im Handgelenk soweit wie möglich nach hinten. Anschließend wiederholen Sie diese Übung auf der Gegenseite. Ziehen Sie dabei den Bauch ein und drücken so die Lendenwirbelsäule gegen den Boden.

Stützen Sie sich auf den Unterarmen ab. Winkeln Sie das rechte Knie an. Heben Sie das gestreckte und maximal nach innen gedrehte linke Bein langsam hoch und senken es nach 7 Sekunden wieder. Führen Sie die gleiche Übung dann mit dem rechten Bein durch. Halten Sie bei diesen Übungen die Grundspannung in der Bauchmuskulatur. Lockern Sie sich.

Grundposition. Fahren Sie – auf den Armen abgestützt – in der Luft »Rad«. Eine Verstärkung erreichen Sie, wenn Sie dabei Kopf und Oberkörper leicht anheben.

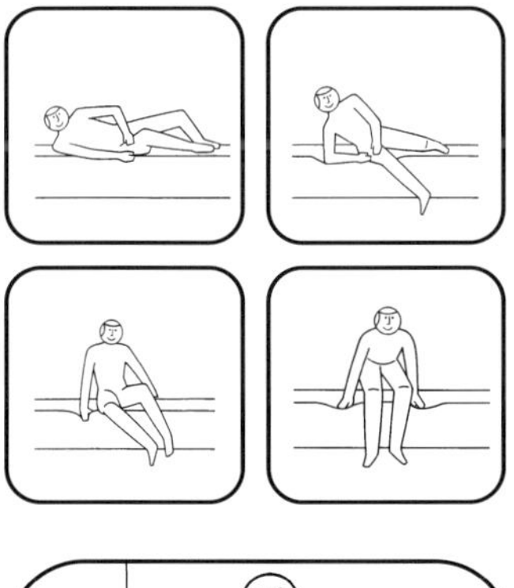

Lockern Sie Ihre Arme und Beine und stehen Sie **richtig** über die Seite auf. Spannen Sie dabei die Bauchmuskeln an – so schonen Sie Ihre Wirbelsäule.

Am Waschbecken stehen Sie aufrecht. Beugen Sie dabei die Knie leicht bis etwa 30°. Belasten Sie wechselweise das rechte und linke Knie mehr. Strecken Sie dann die Knie wieder durch und stellen Sie sich dabei auf die Zehenspitzen.

Beim Zähneputzen gehen Sie bis etwa 30° in die Knie. Halten Sie den Oberkörper gerade und belasten Sie einmal mehr das rechte Bein und dann das linke Bein. Dies ist eine ideale Skigymnastik. Beim Vornüberbeugen über das Waschbecken stützen Sie sich ab. Spannen Sie die Rumpfmuskulatur voll an. Auf diese Weise erzielen Sie Schutz und Trainingseffekt im gleichen Moment.

Unter der Dusche beugen Sie die Knie ebenfalls leicht und ziehen den Bauch ein.

Besonders beim Haarewaschen sollten Sie auf die Haltung achten. Denn hierbei kommt es zu zwei großen Belastungen:
1. für die Lendenwirbelsäule, da man weit ins Hohlkreuz fällt, und
2. für die Halswirbelsäule und Schulter- / Nackenregion, da die Arme über 90° gehoben werden.

Suchen Sie sich nach Lust und Laune weitere Übungen (immer wieder verschiedene) aus.

Kontrollieren Sie mehrmals am Tag Ihre Haltung. Achten Sie beim Sitzen darauf, ob Sie mit Rundrücken sitzen. Beim Stehen prüfen sie, ob Sie im »Hohlkreuz hängen«. Legen Sie dazu Ihren linken Handrücken an die Lendenwirbelsäule, die rechte Hand auf den Bauch. Nun ziehen Sie den Bauch maximal ein, bis Sie an der linken Hand einen Druck von der Lendenwirbelsäule verspüren.
Kippen Sie jetzt Ihr Becken weit nach vorne und nach hinten, indem Sie den Po zunächst herausstrecken, dann weit nach vorne schieben. Pendeln Sie leicht hin und her, um die günstige Mittelstellung zu finden.

Versuchen Sie zusätzlich zu diesen Verhaltens- und Kräftigungsübungen ein leichtes Lauftraining durchzuführen.

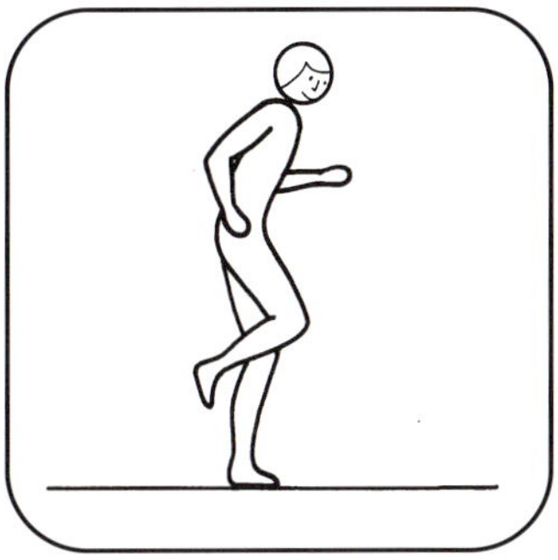

Leichtes Laufen (Joggen) von ca. 20 – 30 Minuten
Achten Sie auf die allgemeinen Laufregeln.

Etwa zur Hälfte des Laufes suchen Sie sich einen schönen Platz, an dem Sie 5 Minuten Atemgymnastik (siehe Seite 23f) durchführen. Weitere Laufpausen nutzen Sie für 2 – 3 Dehnungsübungen. Am besten eignen sich hierfür:

Dehnung der Wadenmuskulatur

Schrittstellung. In der Anspannungsphase stellen Sie das hintere Bein auf die Zehenspitzen. In der Dehnungsphase beugen Sie das vordere Knie stärker.

Dehnung des Schultergürtels

Ausgangsposition: Gesicht zur Wand; die Arme gehen gestreckt an die Wand. In der Dehnungsphase beugen Sie die Hüften und gehen mit dem Oberkörper in Richtung Boden bis Sie ein Ziehen im Schultergürtel verspüren. Bei dieser Übung Bauch kräftig einziehen.

Dehnung des Rumpfes

Stellen Sie die Füße schulterbreit auseinander und beugen Sie leicht beide Knie. Ziehen Sie nun beide Schultern bei gebeugten Ellbogen nach hinten unten. Nun ziehen Sie das Kinn soweit es Ihnen möglich ist nach hinten und machen dabei ein Doppelkinn (ohne den Kopf nach vorne oder hinten zu beugen). Während dieser Übung ziehen Sie den Bauch fest ein und spannen Ihre Körpermuskulatur an.

Nach dem Laufen sollten Sie heiß duschen und die vordere Körperpartie abschließend kurz kalt abduschen. Dann reiben Sie sich mit einer Fettcreme locker ein. So können Sie gut vorbereitet Ihren Alltag bestehen.

Sportartenbeispiele

Auf den folgenden Seiten stelle ich Ihnen einige beliebte Sportarten vor und gebe Ihnen Tips dazu, was Sie bei der Sportausübung jeweils beachten sollten.

Dieses Bild wurde uns freundlicherweise von Herrn Professor Dr. E. Freye, Düsseldorf, zur Verfügung gestellt.

Tanzen

Beim Tanzen muß man unterscheiden zwischen Turniertanzen (Standard, Lateinamerikanisch) und dem Tanzen als Ausgleich in der Freizeit. Turniertanz mit seinen oft ruckartigen Bewegungen, ungünstigen Verdrehungen von Wirbelsäule und Gelenken und verstärkter Hohlkreuzbelastung zählt zu den wirbelsäulenunfreundlichen Sportarten. Turniertänzer, die nicht konsequent ein regelmäßiges Ausgleichstraining durchführen, haben fast obligatorisch Kreuz- und Gelenkschmerzen.
Ganz im Gegensatz dazu ist leichtes, lockeres Tanzen ohne vorgeschriebene Bewegungsformen als günstiges körperliches Training und Lockerungsgymnastik zu betrachten. Leichte, flüssige Körperbewegungen ohne Extremausschläge zu entsprechender Musik fördern die körperliche und geistige Entspannung. Gelenke und Wirbelsäule werden ohne große Belastung viel bewegt, die Muskulatur wird gelockert und je nach Intensität des Tanzens leicht gestärkt.

Vorbereitung:
Kräftigung der Bein- und Beckenmuskulatur, Koordinations- und Ausdauertraining, Dehnen

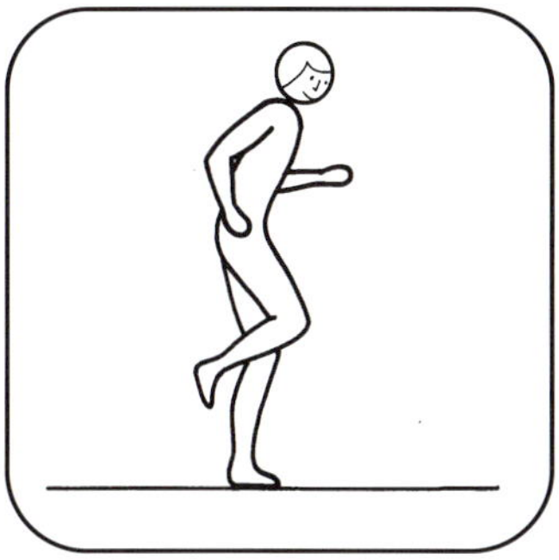

Joggen

Eine der beliebtesten Volkssportarten ist das Joggen. Die Palette reicht hier vom leichten Laufen bis zum Langlauf über 10 – 20 km und mehr. Auch für diese Sportart gilt: Steigern Sie langsam Ihre Leistung. Bereiten Sie sich jeweils gründlich darauf vor. Wärmen Sie sich vorher auf und vergessen Sie nicht, sich nach der Sportausübung auch wieder abzuwärmen.

Lauftechnik:
Laufen Sie locker. Machen Sie kleine Schritte. Rollen Sie die Füße harmonisch von der Ferse zu den Zehen hin ab. Neigen Sie den Oberkörper beim Laufen leicht nach vorne, fallen Sie aber nicht ins Hohlkreuz. Die Arme werden im Ellbogen leicht angewinkelt locker in Laufrichtung geschwungen. Beim leichten Joggen sollte es Ihnen möglich sein, sich mit einem Mitläufer zu unterhalten. So haben Sie die richtige Geschwindigkeit, um einerseits einen Trainingseffekt zu erzielen und andererseits Herz/Kreislauf, Gelenke und Wirbelsäule nicht zu schädigen.

Mit zunehmenden Tempo neigen Sie den Oberkörper weiter nach vorne, so daß die Ferse nicht mehr auf dem Boden aufsetzt.

Vorbereitung:
Dehnung der Unterschenkelmuskulatur, Anspannungsübungen für die Rumpfmuskulatur.

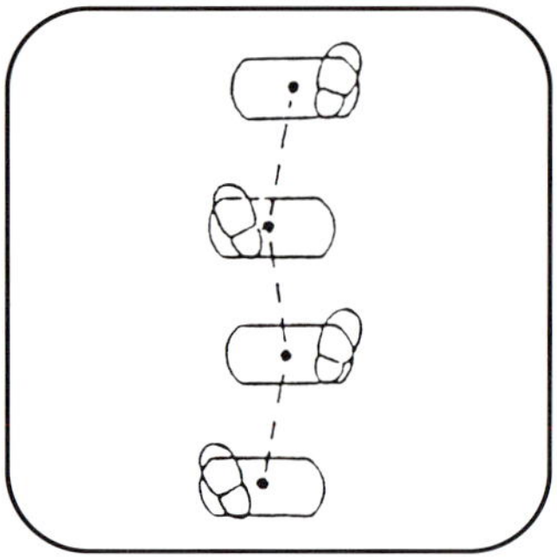

Wandern

Im flachen Gelände wird beim Gehen der Körperschwerpunkt stets zwischen den Füßen verlagert.
Zwischendurch: Streckübung der Wirbelsäule (Seite 45).
Achten Sie beim Spaziergang oder beim Wandern auf ein flüssiges Gangbild. Benutzen Sie einen Spazier- oder Wanderstock. Befreien Sie sich von dem Vorurteil unserer Gesellschaft, daß ein Stock auf Alter oder Gebrechlichkeit hinweist.

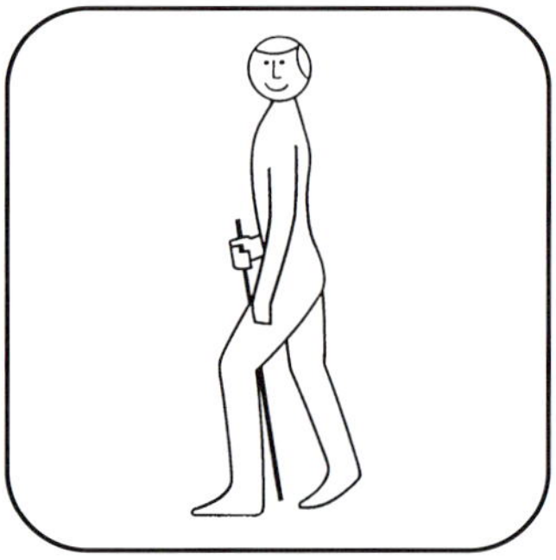

Geschichtlich gesehen hat der Stock mehrere wichtige Funktionen:

1. Macht – Der Stock, das Zepter ist ein Zeichen für Macht und Würde, der Herrscher darf ihn tragen und benutzen.
2. Schutz – Naturvölker haben heute noch immer einen Stock zu ihrem persönlichen Schutz bei sich.
3. Eleganz – Hut, Stock (Stockschirm) und Charme zeichnen den vornehmen Engländer noch heute aus.

Nehmen sie auf Wanderungen einen leichten Rucksack mit. Er kostet nur ein paar Mark aber Sie können die notwendigsten Dinge mitnehmen, ohne daß es Sie belastet. Gleichzeitig dient er beim Tragen als Mahnung, daß Sie keinen krummen Rücken machen und die Schultern nach vorne hängen lassen! Gönnen Sie sich kleine Pausen, in denen Sie sich ausruhen, Flüssigkeit zu sich nehmen und eventuell etwas Gymnastik mit Dehnübungen durchführen.

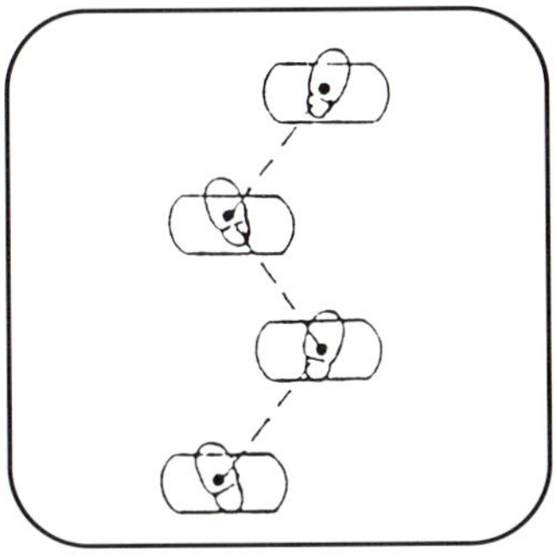

Bergwandern

Im Gegensatz zum Gehen im ebenen Gelände muß das Körpergewicht im schwierigeren Gelände bei jedem Schritt langsam und vollständig auf den auftretenden Fuß verlagert werden.

Halten Sie einen gleichmäßigen Rhythmus ein. Auch bei optimaler Trittwahl sind die Schritte im schwierigeren Gelände ungleich. Benutzen Sie daher einen gleichbleibenden Kraftaufwand (wie bei der Übersetzung eines Fahrradtretlagers): kleine Schritte etwas rascher, größere Schritte etwas langsamer; je steiler und schwieriger der Aufstieg, desto mehr zeitlupenartige Bewegungen. Je steiler der Abstieg, umso kleinere Schritte.

Pflegen Sie Ihren Kräftehaushalt. Nach langsamem Einlaufen stellt sich allmählich der angemessene Rhythmus ein, der es uns erlaubt, stundenlang auch auf schwierigeren Pfaden zu wandern, ohne vorzeitig zu ermüden oder uns zu überanstrengen.

Achten Sie beim Aufstieg auf gleichförmige langsame Bewegungen und eine gleichförmige tiefe Atmung. Herz und Lunge werden stark belastet und – auch trainiert. Während kurzer Pausen nehmen Sie etwas leichtverdauliche Kost zu sich.
Gleichen Sie beim Abstieg den Flüssigkeitsverlust des Körpers aus. Jetzt kann auch locker geplaudert werden, damit die Zeit kürzer wird. Beim Abstieg werden die Gelenke belastet. Richtiges Bergabgehen will gelernt sein!

Abstiegstechnik:
Machen Sie sich klein, gehen Sie in leicht gebückter Haltung (Affengang) mit tiefem Körperschwerpunkt. Die Knie sind dicht beieinander (x-Stellung), kleine vorsichtige Schritte unter guter Abfederung. So wird die Oberschenkelmuskulatur stark belastet (was ein Training darstellt), Schlag- und Stoßbelastungen für die Kniegelenke (was schädigend ist) werden vermieden.

Günstig ist auch seitliches Absteigen im steilen Gelände. Benutzen Sie beim Bergwandern 2 Stöcke, am besten Teleskopstöcke (zum Auseinanderziehen). Bis zu 30% der Gewichtsbelastung wird von den Beingelenken weggenommen! Die Stöcke werden wechselseitig in kurzen Abständen eingesetzt. Im flacheren Gelände gehen Sie im »Finnenschritt« d. h. 2 Schritte und 1 Stockeinsatz, beim steileren Abstieg: wechselseitig 1 Schritt und 1 Stockeinsatz.
Beim gemeinsamen Wandern sollte jeder Partner 2 Stöcke benutzen – sparen Sie nicht an der falschen Stelle!

Falltechnik:
Sollten Sie ausrutschen oder stolpern, lassen Sie sich unverkrampft fallen – eine leichte Prellung oder Schürfung ist nicht so schlimm wie ein verstauchtes Gelenk. Im gefährlichen Gelände muß jedoch alles versucht werden, um einen Absturz zu verhindern.

Je besser Sie sich vorbereiten, desto mehr können Sie das Bergwandern genießen. Genußvolleres Erleben als die Bergwelt mit ihren landschaftlichen Schönheiten, den Pflanzen und Tieren zu genießen, ist kaum vorstellbar.
Je besser das Gleichgewichtsgefühl, je trainierter die Beinmuskeln und je besser die Koordination zwischen Auge und Fuß desto mehr können Sie die Schönheit der Natur genießen.

Vorbereitung:
Koordinationstraining, Beinmuskeltraining, Konditionstraining. Üben Sie auf einem schmalen Balken zu gehen, für höheren Schwierigkeitsgrad auf einem Geländer, Zaunbalken oder Barrenholm. Sprungschritte, Einbeinstand, Einbeinhüpfen usw.

Ausrüstung:
Besonders auf geeignete Schuhe achten (Stoßdämpfung, griffige Sohle, Seitenhalt), Wanderstock bzw. Teleskopstöcke und Rucksack.

Radfahren

Radfahren stellt ein sinnvolles fitnessförderndes Freizeitvergnügen dar. Wichtige Voraussetzung hierfür ist die Benutzung eines »Gesundheitslenkers« wie beim Hollandrad. Der Lenker muß hoch genug eingestellt sein, damit ein Rundrücken vermieden wird. Der Kopf ist geringfügig gebeugt mit Blick nach vorne. Das Fahren mit einem Rennrad ist besonders für den Rücken ungünstiger: das Rad ist härter, die Stöße werden auf den rundgekrümmten Rücken übertragen. Um Übersicht über die Straße zu bekommen, muß der Kopf ständig in deutlicher Hohlkreuzstellung gehalten werden.

Vorbereitung:
Aufwärmen, Dehnungsübung für die Bein- und Rumpfmuskulatur. Beim Rennradler: Ausgleichstraining (besonders Krafttraining, Dehnen)

Freizeit-Windsurfer

Windsurfen

Windsurfen löst körperliche und psychische Streßreaktionen aus. Dies trifft auf mäßig trainierte Breitensportler bereits bei günstigen Verhältnissen mit warmem Wasser und mäßigem Wind (3 – 4 bft) und für sehr gute Surfer unter schwierigeren Bedingungen (kühlere Luft- und Wassertemperaturen um ca. 15 °C, Windstärken um 6 – 7 bft)zu. Anfang der 70er Jahre konnte man vereinzelt auf einigen deutschen Seen oder an der Küste Frauen und Männer beobachten, die versuchten, mit einem Brett und einem dazugehörigen Segel Wind und Wasser zu beherrschen. Inzwischen gibt es in Deutschland einige Millionen Menschen vom Kindesalter bis zum 5. oder 6. Lebensjahrzehnt, die diesen herrlichen Sport betreiben. Im Gegensatz zum Segelboot ist beim Windsurfen der Mast nicht fest. Die Kraftübertragung und die Steuerung geht vielmehr über das Bindeglied Mensch zwischen Segel und Brett. Normalerweise bedarf es einer erheblichen Kraftanstrengung, ein mit Wasser gefülltes Segel hochzuziehen. Schaut man allerdings Windsurfern zu, entdeckt man häufig Jugendliche und sogar Kinder, die mit Leichtigkeit ein großes Segel aus dem Wasser ziehen, um anschließend damit durch die Wellen zu gleiten. Es muß also an der Technik liegen! Einer der besten Windsurfer aller Zeiten – Robin Nash – war bereits mit 14 Jahren Weltmeister.

Beim herkömmlichen Windsurfen stellt man sich im rechten Winkel zum Brett. Man steht etwa in der Grundstellung – mit geradem Rücken und gebeugten Knien. Langsam wird das Mastschot zu sich herangezogen, wobei das Wasser aus dem Segel fließt. Dann kann man problemlos den Gabelbaum greifen und Fahrt aufnehmen.

Bei den neueren Techniken mit Fun Boards und sogenannten Sinkern wird nur noch der Strand-(Beach-) oder Wasserstart durchgeführt. Beim erreichten Stand muß man auch hierbei auf eine lockere und gerade Rückenhaltung achten. Wenn auch viele Sportler durch entsprechende Anfänger- oder Einführungskurse die Grundtechniken des Windsurfens gelernt haben, bedarf es doch einiger Erfahrung, um gerade in kritischen Situationen, zum Beispiel bei böigem Wind oder Wellen, ebenfalls mit Technik zu arbeiten und nicht mit Gewaltakten, die Wirbelsäule, Muskeln, Bänder und Gelenke schädigen können. Leider zeigt die sportärztliche Praxis derartige Auswirkungen immer häufiger.

Das früher gebrauchte Brusttrapez beim Touren- und Regattasurfen sollte jetzt durch das Hüft- oder Sitztrapez ersetzt werden, da hierbei der Oberkörper frei beweglich ist; die schädliche Hohlkreuzbelastung fällt weg, die enorme Zugbelastung des Segels wird bei guter Technik durch das Gegengewicht des Körpers ausgeglichen. Beim Sitztrapez greift die Kraft im Körperschwerpunkt d. h. in Beckenhöhe ohne große Belastung der Wirbelsäule an.

Durch häufige Richtungswechsel mit »Wenden« und »Halsen« vermeiden Sie längerdauernde statische Belastungen.

Vorbereitung:
Krafttraining für Rumpf, Schultergürtel und Beine, Koordinations- und Ausdauertraining, Dehnung, rutschfeste Schuhe auf ebener Surfbrettfläche, Neoprenanzug oder zumindest Neoprennierenschutz.

Wasserski

Beim Wasserskilaufen wird eine überwiegend statische Muskelleistung gefordert. Wasserskilaufen hat einen hohen Trainingseffekt fast auf die gesamte Körpermuskulatur. Gefragt sind besonders Reaktionsschnelligkeit und Koordination. Im Gegensatz zum Windsurfen erfolgt keine wesentliche Herz-Kreislauf- oder Lungenbelastung. Sehnen und Bänder sind besonders verletzungsgefährdet. Die Wirbelsäule muß mit großer Kraftaufwendung stabilisiert werden. Besonders beim Abknicken des Oberkörpers nach vorne, sowie bei speziellen Schräglagen kommt es zu erheblichen Überbelastungen durch extremen Druck auf Bandscheibenanteile. Durch die extreme Belastung des Bewegungsapparates sind besonders heranwachsende Jugendliche gefährdet. Auch Erwachsene können sich durch Übertraining mit zu häufiger und zu langer Belastung chronische, nicht wieder gut zu machende Schäden am Muskel-, Sehnen- und Bandapparat und an der Wirbelsäule zufügen.

Vorbereitung:
Krafttraining für Rumpf, Schultergürtel und Beine, Koordinationstraining, Aufwärmen, Schwimmweste.

Robert Krämer auf Formentera

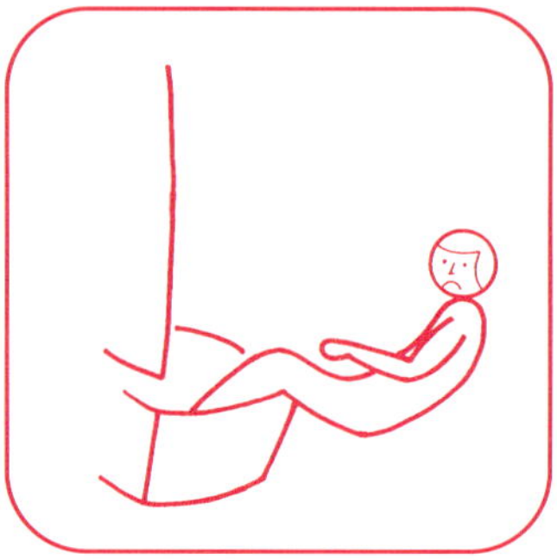

Segeln

Beim Segeln sind die Wirbelsäule und die Knie durch das »Ausreiten« besonderen Belastungen ausgesetzt. Langandauernde statische Beanspruchung wird durch plötzliche, rasche Lagewechsel unterbrochen. Gute Ausrüstung und entsprechende Vorbereitung beugen Beschwerden vor.

Schwimmen

Schwimmen ist eine sehr empfehlenswerte Sportart. Dies gilt aber nur für Kraul- oder Rückenschwimmen. Delphinschwimmen ist schädlich und auch Brustschwimmen ist für den Rücken und die Kniegelenke ungünstig. Damit die Haare nicht naß werden, wird der Kopf krampfhaft in einer Überstreckung nach hinten gehalten. Der Scherenbeinschlag schädigt auf Dauer die Kniegelenke. Wer wirklich nur Brustschwimmen kann, sollte dies möglichst mit einem lockeren Beinschlag wechselseitig seitlich durchführen.
Es ist bereits ein hervorragendes Training und eine »Wohltat« für den Rücken, die Hüften und die Knie, wenn Sie sich am Beckenrand festhalten und eine lockere Tretbewegung (wie beim Radfahren) im Wasser durchführen.
Dabei können Sie auch problemlos den Rumpf drehen und die Beine wechselseitig nach rechts oder links übereinanderschlagen. Unter dem Schutz der tragenden Wirkung des Wassers können Sie so die Beweglichkeit gerade im Bereich der Wirbelgelenke gefahrlos erhöhen.
Als Lernziel ist lockeres Rückenkraulen anzustreben.

Ideal ist das sogenannte Rückenschwimmen vorwärts. In Rückenlage können Sie je nach Stärke des Beinschlages auf der Stelle schwimmen, rückwärts oder – bei weitgehend gestreckten Beinen und leichtem Armschlag – in Fußrichtung, also vorwärts schwimmen. Sie können auf kleinsten Raum schwimmen und ein optimales Training durchführen, ohne einen anderen Schwimmer zu behindern oder selbst behindert zu werden. Günstig für den Rücken und die Muskulatur ist eine Wassertemperatur von mindestens 28 °C.

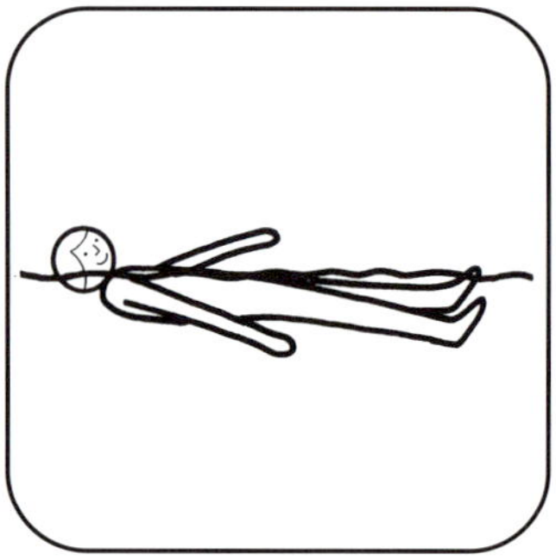

Im Gegensatz zum Brustschwimmen bildet beim Schnorcheln der Kopf mit der Wirbelsäule eine gerade Linie unter Wasser. Die ungünstige Hohlkreuzbildung fällt weg. Leider darf man in vielen öffentlichen Schwimmbädern auch zum Üben keine Tauchmasken und Schnorchel benutzen.

Eric Jelen beim Nations Cup in Düsseldorf 1991

Tennis

Tennis, Squash und Badminton gehören zu den beliebtesten Sportarten. Nicht zuletzt die herausragenden Erfolge der deutschen Tennisspieler und -spielerinnen haben einen enormen »Boom« bewirkt. Diese Ballsportart belastet aber die Wirbelsäule sowie die Gelenke relativ stark (durch schnelle zum Teil ruckartige Bewegungen). Personen mit Rückenbeschwerden sollten Sie daher möglichst meiden. Zumindest aber sollten zum Ausgleich täglich Kräftigungs-, Stabilisierungs- und Dehnungsübungen durchgeführt und mindestens eine wirbelsäulenfreundliche Sportart parallel ausgeübt werden.

Tennis ist eine Ganzjahressportart geworden. Mit dem Spielen in der Halle sind die Probleme allerdings noch größer geworden. Da man eine Hallenstunde meist lange im Voraus bucht, möchte man diese Zeit auch voll mit dem eigentlichen Spiel nutzen. Die unbedingt erforderliche Aufwärmphase ist viel zu kurz. Nach dem Spiel geht man direkt an die Theke, ohne sich vernünftig abgewärmt, geduscht und eingerieben zu haben.

Vorbereitung:
Auch beim Tennis ist Kraft, Ausdauer, Schnelligkeit, Koordination und Flexibilität erforderlich. Keine sehr harten Bälle benutzen; bei der Schlägergröße beachten, daß bei den ganz großen Schlägern die Haltearbeit erhöht ist; die Griffstärke so wählen, daß der kleine Finger beim Umfassen des Griffes noch zwischen Daumen und Zeigefinger paßt; keine extrem harte Bespannung. Der Freizeitspieler sollte Bälle, die er nicht mehr rechtzeitig treffen kann, wegfliegen lassen: Die zu spät und zu weit hinten treffende Rückhand ist eine häufige Ursache für den »Tennisarm«. Der Spieler sollte lieber seine Lauftechnik und Kondition verbessern, damit er den Ball korrekt treffen kann. Falscher Ehrgeiz führt zu Abnutzungsschäden!

Tischtennis

Tischtennis kann von jedem gespielt werden. Es stellt einen idealen Ausgleich für die ganze Familie dar. Die Ausrüstung ist kostengünstig, die Technik kann rasch erlernt werden.
Das wettkampfmäßige Tischtennis stellt hohe Anforderungen an die Reaktionsschnelligkeit und die Koordination.

Vorbereitung:
Koordinationsübungen, Bein- und Armmuskeltraining mit Dehnungsübungen, Übungen zur Rumpfmuskelstabilisierung.

Squash

Squash ist eine rücken- und gelenkunfreundliche Sportart. Der Squashliebhaber muß sich dessen bewußt sein, damit er ohne spätere Reue diesen reaktionsschnellen und konditionsfordernden Sport ausüben kann.
Hauptbelastungen in diesem temporeichen Sport sind abrupte und schnelle Bewegungen des gesamten Körpers, besonders des Schlagarmes. Harte Abstoppbewegungen verbunden mit Stößen, die die Fuß-, Knie- und Hüftgelenke belasten, wirken sich hier um so mehr aus, je härter der Boden ist. Eine geschickte raumorientierte Beinarbeit ist notwendig. Die bisher beschriebenen Belastungen bedeuten nicht nur eine Verletzungsgefahr, sondern fördern den vorzeitigen Verschleiß, besonders der Gelenke und der Kapsel-Band-Systeme.
Direkte Verletzungsmöglichkeiten sind noch gegeben durch Anprallen an eine Wand, durch direkte Kontakte mit dem Spielpartner oder durch den festen Gummiball.
Gut vorbereitet stellt dieses schnelle Spiel ein maximales körperliches Training in relativ kurzer Ausführungszeit dar.

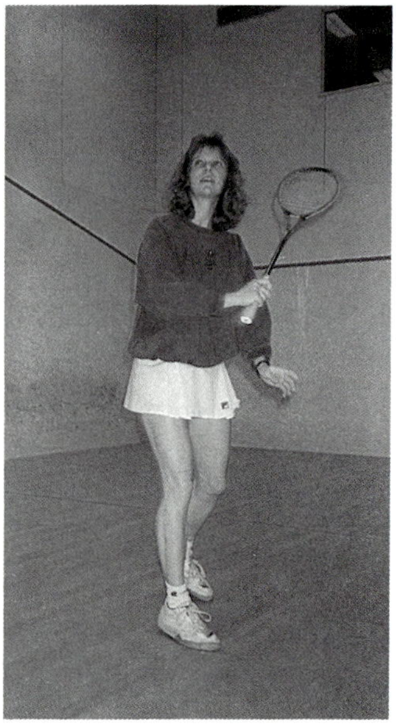

Bettina Schmitz,
Deutsche Jugend-Vizemeisterin im Squash 1986, Deutscher Mannschaftsmeister 1989

Vorbereitung:
Koordinationstraining, Ausdauertraining, Fußgymnastik, Dehnungsübungen, Rumpfmuskeltraining, Training nach Schulterschule.
Squash sollte nicht betrieben werden, wenn es nicht mit einem intensiven Auf- und Abwärmprogramm kombiniert ist.

Badminton

Badminton oder – als Freizeitausgleich betrieben – Federball, ist eine beliebte Sportart, die gerade im Freizeitbereich von klein an auf jedem freien Gelände gespielt werden kann. Üngünstig ist die häufige Überkopfbewegung des Schlagarmes verbunden mit einer Hohlkreuzbelastung im Lendenwirbelsäulen- und Halswirbelsäulenbereich. Dies gilt besonders für das wettkampfmäßige Ausüben des Sports, das in Hallen durchgeführt wird. Hier kommt es ähnlich wie beim Squash zu einer zusätzlichen Beinbelastung durch schnelle und plötzliche Bewegungen mit kurzem Abstoppen. Um die Belastungen in Grenzen zu halten, sollten beim Federball Überkopfbewegungen möglichst vermieden werden. Bei wettkampfmäßigem Sport ist konsequentes Auf- und Abwärmen, verbunden mit Ausgleichstraining, unerläßlich.

Vorbereitung:
Koordinationstraining, Fußgymnastik, Rumpfmuskeltraining, Auf- und Abwärmen, Training nach Schulterschule.

Mannschaftsballspiele wie Fußball, Handball, Volleyball oder Basketball bieten einerseits den Vorteil einer ständigen Bewegung und stets wechselnder Körperhaltungen. Andererseits sind ruckartige Dreh- und Schleuderbewegungen sowie Hohlkreuz- und Rundrückenhaltung unter Belastung – mit den nachteiligen Folgen für die Wirbelsäule – unvermeidlich. Arm- und Beingelenke müssen starke Zug- und Stoßbelastungen aushalten.

Fußball

Fußball ist in unseren Breiten der Volkssport schlechthin. In Deutschland spielen etwa 5 Millionen Menschen aktiv Fußball. »Gekickt« wird vom Kleinkindesalter an. In den Verletzungsstatistiken liegt Fußball ganz vorn. Dies liegt nicht nur an der großen Zahl von Sporttreibenden sondern auch am enormen Körpereinsatz in diesem temporeichen Spiel. Neben Verletzungen wie Prellungen, Zerrungen, Brüchen etc. kommt es bei aktiven Fußballern zu typischen Überlastungs- und Abnutzungsschäden. Besonders betroffen sind davon die Sprung- und Kniegelenke, Bänder, Sehnen, Muskeln und die Wirbelsäule.

Vorbereitung:
Der aktive Fußballer braucht ein Ganzkörpertraining, für den Freizeitspieler gilt dies ebenso in abgeschwächter Form. Bei Ballsportarten ist es besonders wichtig, motorische Schnelligkeit, Ausdauer, Koordination, Sprungkraft, Wurf- oder Schußkraft zu trainieren. Kinder sollten nicht mit einem für Sie zu großen und zu schweren Erwachsenenfußball spielen.

Der Deutsche Meister Agon 04 Düsseldorf gegen den Barmer TV 1991

Basketball

Basketball ist neben Fußball das weltweit verbreiteste Sportspiel. Dank seiner umfangreichen, genauen und komplizierten Regeln ist es das schnellste Mannschaftsspiel ohne Hilfsmittel. Körperkontakt ist untersagt, rempeln, stoßen und sperren ist ebenso verboten. Basketball wird überwiegend in Hallen gespielt, im Freien ist es auf Allwetterplätzen möglich. Sportmedizinisch ist die Belastung besonders der Fuß-, Knie- und Hüftgelenke von Bedeutung.

Vorbereitung:
Techniktraining, d.h. erlernen, verbessern und automatisieren der basketballtypischen Bwegungshandlungen, Koordinations- und Konditionstraining, Fußmuskeltraining.

Volleyball

Volleyball wird als Freizeitsport vorwiegend im Freien (auf der Wiese, am Strand, etc.) sowie wettkampfmäßig in der Hallle ausgeübt. Belastet werden vor allem die Knie-, Finger- und Fußgelenke. Die Schultern werden besonders beim Schmettern und bei der Angabe von oben belastet

Vorbereitung:
Fußgymnastik, Konditions- und Koordinationstraining, Knie- und Schulterschule.

Der Wintersport zählt leider auch zu den unfallträchtigen Sportarten. Dies betrifft besonders den Alpin-Skisport und das Eishockeyspiel. Fortschritte in der Entwicklung des Sportmaterials wie Skischuhe, Bindungen und spezielle Schutzkleidung, besonders auch beim Eishockey in Verbindung mit gezieltem körperlichen Training, haben diese Situation verbessert.

Skilaufen

Das beliebte Abfahrtsskilaufen stellt für den Rücken und die Kniegelenke eine erhebliche Belastung dar. Hierbei ist wie auch bei anderen wirbelsäulen- und gelenkschädlichen Sportarten auf entsprechendes Ausgleichstraining zu achten.

Vorbereitung:
Geeignete Materialauswahl mit Neueinstellung der Bindung, Training der Bein-, Becken- und Rumpfmuskulatur, Ausdauer- und Koordinationstraining.

Skilanglauf

dagegen ist – richtige Technik vorausgesetzt – ein hervorragendes Training für Rücken und Gelenke, aber auch für das Herz-Kreislauf-System.

Skating

Langfristige Auswirkungen beim Skating (neuartige Langlauftechnik mit Schritten ähnlich dem Eislaufen) sind noch nicht bekannt. Orthopädisch besser ist mit Sicherheit der herkömmliche Langlaufstil.

Vorbereitung:
Ausdauertraining, Dehnen, Aufwärmen.

Eishockey

Eishockey ist eine Mannschaftssportart, die bereits im 17. Jahrhundert in den Niederlanden beschrieben worden ist. Es ist eine der schnellsten Kontaktsportarten, die in den letzten beiden Jahrzehnten auch in der Bundesrepublik und der damaligen DDR enorm an Beliebtheit gewonnen hat. In den skandinavischen und einigen osteuropäischen Ländern sowie in Nordamerika und Kanada gehört es zu den Volkssportarten. Durch die rasante Schnelligkeit, sowie die häufigen Körperkontakte (die meist erlaubt sind), durch die spezielle Ausrüstung wie Schläger, Schlittschuhe, den harten Boden, die harte Bande, das Tor und nicht zuletzt den extrem harten Puck, mit dem gespielt wird, besteht eine erhöhte Verletzungsgefahr.

Vorbereitung:
Optimale Materialauswahl mit entsprechender Schutzkleidung, Aufwärmen, Dehnen, Koordinations- und Ausdauertraining.

Minigolf

Scherzhaft kann man sagen, daß Minigolf ein erholsamer Spaziergang mit Sportcharakter ist. Es ist ein Sport, den man in kurzer Zeit erlernen kann, die körperlichen Anforderungen sind von Kindern bis hin zu Senioren gut zu bewältigen – weder große Kraft- noch Ausdauerleistungen sind bei diesem Frischluftsport zu bewältigen. Auch Versehrte und Behinderte können aktiv Minigolf spielen. Wer höher hinaus will, kann es wettkampfmäßig spielen, die Palette reicht hier von Vereinsmeisterschaften bis zu internationalen Titelkämpfen. Vor allem der Kopf spielt mit, wichtig ist gute Konzentration. Konzentration und Geschicklichkeit bringen den Erfolg. Die Ausrüstung ist sehr kostengünstig, Möglichkeiten zur Sportausübung bestehen international fast in jedem kleinen Ort.

Vorbereitung:
Konzentrations- und Koordinationsübungen.

Golf

Das Spiel auf dem Grün (Green), von dem das Minigolfspiel abstammt, stellt weitaus größere Forderungen an die Belastbarkeit der Sporttreibenden. Das Alter der Golfspieler ist im Mittel erheblich höher als das Sportler anderer Sportarten. Dies liegt auch an den hohen Kosten für Ausrüstung und Vereinsmitgliedschaft bzw. Platzkosten. Umso mehr ist es wichtig, mit Trainern eine ausgefeilte Technik zu erlernen. Für den Könner ist dieser Frischluftsport Kreislauftraining und Erholung zugleich. Die Form des Abschlages bedingt jedoch auch bei bester Technik noch eine erhebliche Belastung für die Wirbelsäule, die Knie und die Handgelenke.

Vorbereitung:
Gerade für das Golfspiel gilt daher: Regelmäßiges Ausgleichstraining mit Stärkung der Rumpf-, Bein- und Armmuskulatur, Dehnung des Schultergürtels sowie Erlernen von Atemtechniken.

Boxen

Boxen hat in der Bevölkerung leider das Image einer brutalen Sportart. Skandale und unseriöse Machenschaften unterstützen das negative Bild. Es gibt beim Boxen fast keine Abnutzungs- oder Überlastungsschäden. Schäden entstehen praktisch nur durch Kontaktverletzungen.
Es ist besonders aus medizinischen Gründen anzustreben, daß beim Boxen eine ähnliche Punktwertung erfolgt wie beim Fechten: Nur die korrekt ausgeführte Berührung führt zur Wertung. Die bisher gegebene Verletzungsmöglichkeit durch direkten Kontakt mit dem Gegner wäre weitgehend ausgeschlossen. Das ausgewogene Ganzkörpertraining würde den Boxfreunden jedoch zugute kommen. Zunächst sollte der K. O. als Wertung eines Kampfes abgeschafft werden. Da dann nur noch der Punktsieger den Kampf gewinnt, würden technische, tänzerische Fähigkeiten von den Boxern verstärkt angestrebt werden.
Boxen ist durch seine Bewegungsabläufe und durch sein ausgewogenes Training eine ideale Schulung für den Haltungsapparat, wie auch für das Herz-Kreislauf-System.

Vorbereitung:
Ganzkörpertraining, Dehnen, Koordinationstraining, spezielle Schuhe, Genital- und Kopfschutz.

Bodybuilding

In den letzten Jahren ist es zu einer enormen Fitnesswelle gekommen, die nach einem Boom in den Vereinigten Staaten auch nach Deutschland überschwappte. Muskulatur ist in – Fett ist out! Allerdings sagt Muskelmasse nichts über die wirkliche Qualität der Muskulatur aus. Wichtige Faktoren hierfür sind Ausdauer, Schnellkraft und Gleichgewicht der verschiedenen Muskelgruppen. Zudem ist das Verhältnis der einzelnen Muskeln zum Skelettsystem von Bedeutung. Menschen mit übermäßig trainierten Muskelgruppen können eher Schwierigkeiten mit Knochen und Gelenken haben. Neben

einer unproportionierten Muskelverteilung sind sie im schlimmsten Fall noch durch Medikamente hochgezüchtet.
Ein Mißverhältnis der gelenkbeteiligten Muskulatur kann zum Beispiel im Bereich der Schulter zu Engpaßsyndromen wichtiger Sehnen führen. Die Folgen sind chronische Schmerzen im Schulterbereich. Man kann nicht auf der Schulter liegen. Das Heben des Armes über Kopfhöhe bereitet Schmerzen.
Im Bereich der Kniegelenke kann es durch ein Muskelungleichgewicht zu einem verstärkten Anpreßdruck der Kniescheibe auf ihr Gleitlager kommen. Die Folgen sind vorzeitiger Verschleiß und Schmerzen.
Im Becken-/Rumpfbereich werden ohnehin zu starke Muskeln wie zum Beispiel der Hüft/Lendenmuskel weiter gestärkt. Diese Muskulatur zwingt den Betroffenen in ein verstärktes Hohlkreuz. Die Folgen sind Wirbelgelenks- und Bandscheibenverschleiß mit entsprechenden Beschwerden.
Dies sind nur einige Beispiele, die zeigen, was falsches Training bewirken kann. Die Grundidee: »Ich will etwas für meinen Körper tun«, ist sicherlich sehr lobenswert und sollte unterstützt werden.
Ein gut angeleitetes Bodybuilding, dessen Ziel eine gut ausgewogene bessere Körpermuskulatur ist, ist empfehlenswert.

Bodystyling

Ähnliches gilt für das sogenannte Bodystyling. Hier ist das Schönheitsideal vordergründiges Ziel. Festigung und Straffung von Bindegewebe, Abbau von Fettpolstern etc.

Vorbereitung:
Zusätzlich zum Krafttraining sollte immer leichtes Ausdauertraining wie Joggen, Radfahren oder Schwimmen durchgeführt werden. Aufwärmen und Dehnen sowie Abwärmen und Dehnen sind unverzichtbar.

Insgesamt kann man sagen, daß durch Bodybuilding/Bodystyling das Körperbewußtsein der Sporttreibenden geweckt wird. In geordneten Bahnen ist dies zu befürworten.

Übungen mit Geräten

Es gibt zahlreiche sinnvolle Trainingsprogramme aber auch solche, die wenig geeignet sind, Ihnen zu helfen ein gutes Körpertraining durchzuführen.

Achten Sie bei der Anwendung darauf, daß Sie den Rücken gerade halten und keine ruckartigen Bewegungen durchführen. Wenn Sie die Prinzipien der Rückenschule, Knieschule und Schulterschule beachten, können Sie je nach Lust und Laune Übungsgeräte benutzen. Einige Beispiele seien hier angeführt:

Bauchtrainer

Trainieren Sie nicht nach der Gebrauchsanleitung! Das dort empfohlene weite Zurücklehnen schädigt Ihren Körper. Lehnen Sie sich nur soweit wie auf dem Bild gezeigt zurück; ziehen Sie dabei den Bauch fest ein, zur Verstärkung öffnen Sie die Arme zur Seite, bei Bedarf können Sie noch Gewichte in die Hände nehmen.

Beincurler

Führen Sie die Beine in Kniestreckung nach oben; nun senken Sie die Füße nur um etwa 30°, und heben Sie sie dann wieder in die Waagerechte (5x). Jetzt erst senken Sie die Füße wieder ganz nach unten. Steigern Sie langsam ihre Trainingseinheiten, achten Sie dabei auf Ihre Atmung!

Bandscho-Gerät

Setzen Sie dieses Übungsgerät auf Ihren Oberschenkeln ab, greifen Sie das obere Ende und ziehen mit gestrecktem Rücken die Griffe nach unten. Zunächst halten Sie das Gerät gerade, bei weiteren Übungen können Sie es leicht nach links und rechts drehen und so Ihre schrägen Rumpfmuskeln ohne Belastung der Wirbelsäule trainieren.

Extension

Das Aushängen an einem Schrägbrett stellt eine maximale Entlastung für die Wirbelsäule, die Hüft- und Kniegelenke dar. Sie können dieses Gerät gleichzeitig zum Training nutzen und ideal aus einer Entlastungslagerung die Bauch- und Beinmuskulatur stärken. Die Beine dürfen dabei nicht – wie in den meisten Anleitungen gezeigt – gestreckt sein. Günstig ist es, etwa in Kniehöhe ein dickes Polster auf dem Schrägbrett anzubringen.

Elastisches Band (Deuser-Band, Sport cord)

Mit einem einfachen elastischen Band oder einem Fahrradschlauch können Sie eine Vielzahl von idealen Übungen durchführen. Professioneller ist es, mit einem »Deuser-Band« oder »Sport cord«zu trainieren aber die einfachen Materialien reichen meist auch. Beachten Sie die Regeln der Rücken-, Knie- und Schulterschule und probieren Sie es selbst aus! Einige Übungen seien hier vorgestellt (siehe auch Seite 44).

Bauchmuskelübung

Befestigen Sie die Mitte des Bandes möglichst hoch an einer Türe oder einem Pfahl. Setzen Sie sich mit dem Rücken dazu auf einen Stuhl. Legen Sie die Bandenden über Ihre Schultern und halten Sie sie mit den Händen vor Ihrer Brust. Beugen Sie sich nun langsam soweit Sie können nach vorne und langsam wieder zurück. So trainieren Sie Ihre geraden Bauchmuskeln.

Rückenstreckerübung

Ausgangsstellung wie oben – nur setzen Sie sich jetzt mit dem Gesicht zur Bandmitte auf einen Stuhl.
Halten Sie zunächst die Bandenden in Sitzhöhe und mit beiden Händen; dann lehnen Sie sich soweit es geht zurück, wobei Sie immer die Hände am Brustkorb halten.

Wenn Sie in einem Studio trainieren, achten Sie darauf, daß eine gute Trainingsanleitung und Überwachung gewährleistet ist. Günstig ist es, wenn Trainingsgeräte mit Luftdruck arbeiten, hierbei werden die gefährlichen ruckartigen Bewegungsausschläge vermieden.

Beim Kauf von Heimsportgeräten achten Sie auf TÜV(Technischer Überwachungsverein) -Empfehlungen. Stellen Sie diese Geräte an einem Platz auf, an dem Sie später auch gerne üben. Achten Sie auf einen Mindestabstand zwischen den Geräten, sie sollen fest stehen, keine scharfen Ecken oder Kanten aufweisen, Gegengewichte sollten eine sichere Führung besitzen.

Gymnastik

Eine weitere Form, sich allgemein fit zuhalten, ist Gymnastik. Diese kann praktisch vom Kleinkindes- bis ins hohe Alter betrieben werden. Gerade für den Untrainierten gilt aber auch hier: Führen Sie möglichst unter Anleitung eine langsam gesteigerte, sinnvolle Ganzkörpergymnastik durch. Setzen Sie sich am Anfang nicht zu hohe Ziele. Der »Büromensch« zum Beispiel, der jahrelang selten Sport getrieben hat, kann nicht innerhalb von 4 Wochen das Sportabzeichen erwerben. Zu schnell gesteigertes Training und zu große Belastungen schädigen den untrainierten Körper. Im Gegensatz zum erstrebten Ziel einer körperlichen Ertüchtigung kommt es zu verschiedenartigsten Schädigungen, zu vorzeitigem Verschleiß und verstärkten Beschwerden sowie zu gesteigerter Verletzungsgefahr.

Falsch durchgeführte Gymnastik führt zu vermehrter Lockerung von Wirbelkörperabschnitten oder Gelenken. Eine sinnvolle Gymnastik soll aber eine physiologische (normale) Beweglichkeit von Wirbelsäule und Gelenken erreichen, jedoch keine übermäßige Lockerung. Dies würde einen Stabilitätsverlust und wiederum einen vorzeitigen Verschleiß bewirken. Als allgemeine Regel gilt auch hier: Was die Natur versteift, soll der Mensch nicht mit Gewalt lockern. Üben Sie mit Musik, das macht Spaß und fördert meist »flüssige« Bewegungsabläufe.

In den Trainingskapiteln habe ich immer wieder bestimmte falsche Übungen aufgezeigt wie zum Beispiel: Kopfkreisen, Rumpfkreisen, tiefe Kniebeugen usw., die wirklich nicht mehr in einem Gymnastikprogramm auftauchen dürfen.

Ein Gymnastikprogramm soll eine Kräftigung des Körpers erreichen mit einer erhöhten Leistungsfähigkeit im täglichen Leben. Eine sinnvoll verbesserte Beweglichkeit wird durch gute Dehnübungen erreicht, die zu jeder Gymnastik gehören (siehe Kapitel Stretching S. 46f).

Fechten

Nicht gerade ein Volkssport, aber eine Sportart mit Tradition ist das Fechten. Diesen Sport kann man bis ins hohe Alter betreiben, wie man jedes Jahr bei den Deutschen Seniorenmeisterschaften sehen kann. In der ältesten Klasse treten die 60jährigen und Älteren gegeneinander an. Allerdings ist Fechten nicht für Personen mit Vorschäden an Rücken oder Knie zu empfehlen.
Erläuterungen zur Technik:
In der Fechtstellung zeigt der vordere Fuß – bei Rechtshändern der rechte Fuß, bei Linkshändern der linke – parallel zur Gefechtslinie, also nach vorne, der hintere Fuß steht eine Schulterbreite in einem Winkel von 80 – 85 Grad dahinter.

Durch die Asymmetrie der Fechtstellung mit Verdrehung der Wirbelsäule kann es auf längere Zeit gesehen zu einem Überlastungsschaden besonders im Bereich der Wirbelgelenke kommen. Harte Stöße auf Füße, Sprunggelenke und Knie können einen vorzeitigen Verschleiß dieser Gelenke und der beteiligten Sehnen hervorrufen.

Damit die Wirbelsäule nicht überbeansprucht wird, sollte auf eine weitgehend gerade Rückenhaltung geachtet werden. Bei Vorwärts- und Rückwärtsbewegungen in Fechtstellung muß eine Pendelbewegung des Oberkörpers vermieden werden. Hierfür wird allerdings eine starke Rumpfmuskulatur vorausgesetzt.
Fechten ist eine Schnellkraft- und Ausdauersportart zugleich. Erstens muß in einer zehntel Sekunde eine Bewegung der Beine ausgeführt und zweitens soll eine Muskelspannung in der Vorwärts- oder Rückwärtsbewegung auf eine Länge von ca. 10 Metern aufrecht erhalten werden. Dieser Bewegungsablauf kann sich in einem Gefecht bis zu 30mal wiederholen. Schnell- und Ausdauerkraft darf in der Vorwärtsbewegung nur aus der Oberschenkelmuskulatur des hinteren Beines kommen, für die Rückwärtsbewegung nur aus dem vorderen Bein. Da im Gefecht häufiger die Vorwärtsbewegung eine Rolle spielt, kann die Fechtstellung zu Übungszwecken auch links ausgeführt werden, um ein gleichförmige Belastung der Beinmuskulatur zu erreichen, das heißt bei Rechtshändern linkes Bein und linker Arm nach vorne, bei Linkshänder genau andersherum.

Die Fechtstellung ist die optimale Stellung, um die Schnellkraft der Beine voll auszunutzen und zugleich eine gerade Oberkörperhaltung zu ermöglichen. Die Fechtstellung sollte so natürlich und locker wie möglich sein, dabei sollte man aber nachfedern und wippen in den Knien unbedingt vermeiden.

Eine kniebelastende Bewegung beim Fechten ist der Ausfall. Beim Ausfall wird das hintere Bein gestreckt, dabei schiebt sich der Oberkörper nach vorne. Aufgefangen wird das Gewicht

durch das vorgesetzte vordere Bein. Ober- und Unterschenkel des vorderen Beines bilden einen Winkel von 90 Grad. Wird dieser Winkel durch zuviel Schwung oder schlechte Technik unterschritten, kann es auf Dauer zu einer Schädigung des Kniegelenkes kommen. Bei solch einem Ausfall können im Knie Kräfte auftreten, die bis zum 7fachen des Körpergewichtes betragen.
Um einen festen Halt und eine optimale Reibungskraftausnutzung zwischen Fuß und Hallenboden zu erreichen, ist auf spezielles Schuhwerk zu achten. Der Schuh sollte am Fußballen und an der Ferse eine feste und dämpfende Sohle besitzen. Die Sohle sollte an der Längsachse in sich drehbar sein. Joggingschuhe sind deshalb ungeeignet für diese Sportart, da sie den Fuß zu eng einschnüren. Außerdem stoppt die Gummisohle von Joggingschuhen auf Hallenboden abrupt den Bewegungsablauf, so daß keine fließenden, aufeinanderfolgenden Schrittkombinationen möglich sind.

Beim Degen- und Florettfechten wird der hintere Arm 90 Grad im Ellbogengelenk gebeugt in Schulterhöhe nach hinten weggehalten. Dies bedeutet eine erhebliche Belastung für den Schultergürtel.

Beim Fechten ist Koordination zwischen Waffe, Arm, Beinen und Abstand zum Gegner gefordert. Je mehr Sie diese Koordination üben, um so mehr Spaß werden Sie am Fechten haben. Wie bei jeder Sportart sollten Sie sich auch vor dem Fechten aufwärmen und dabei dem Aufwärmen der Ober-, Unterschenkel- und Rückenmuskulatur besondere Beachtung beimessen. Fangen Sie beim Fechten langsam an und fordern Sie nicht alles auf einmal von sich und ihrem Trainer. Denken Sie daran: Auch beim Fechten muß man sich nach Ausübung des Sports abwärmen.

1. Gesamtdeutsche Säbelmeisterschaften der A-Jugend 1991 in Ratingen

Vorbereitung:
Dehnung der Bein- und Rückenmuskulatur, Koordinationstraining. Parallel zum Fechtprogramm sollte eine Stärkung der Rumpf- und Beinmuskulatur eingebaut werden, fechtsportspezifische Kleidung und Material benutzen, keine Freizeitkleidung.

Reiten

Reiten ist eine Sportart, die viele Menschen begeistert. Es bedeutet Schulung der Koordination, Erlebnis und Entspannung in freier Natur, Harmonie zwischen Reiter und Pferd. Leider ist besonders das Ausreiten sehr verletzungsträchtig (Rißwunden und Brüche im Rumpf-, Arm- und Beinbereich, Augenverletzungen). Falsche Technik mit schlechtem Sitz (Hohlkreuz) führt zu Rückenschmerzen.

Beim Reiten kann die Wirbelsäule des Reiters durch falschen Sitz, schlechte Körperhaltung und untrainierte Rumpfmuskulatur ungünstig belastet werden. Eine Besonderheit stellt das Voltigieren (Führen des Pferdes an einer langen Leine, während ein Reiter mit dem Pferd trainiert) dar, weil hier Turnübungen und gymnastische Bewegungen im Vordergrund stehen und somit das gesamte Skelett gefordert wird. Der Turnierreiter trainiert zwar durch die tägliche Arbeit mit seinem Pferd Muskelgruppen, die eine stützende Funktion der Wirbelsäule ausführen, er darf aber die ausgleichende Stärkung der Bauchmuskeln nicht vernachlässigen. Zum Aufwärmen vor der Reitstunde eignet sich die Stallarbeit ebenso gut, wie das selbstverständliche gründliche Putzen des Pferdes durch den Reiter. Dies ist in vielen Reitställen leider nicht üblich.
Freizeitreiter belasten ihre Wirbelsäule (oder Skelett) aufgrund der ruhigeren Reitweise weniger. Da sie sich jedoch oft im Gelände aufhalten und so auch der kühlen Witterung ausgesetzt sind, ist die Verletzungsgefahr der ausgekühlten Gelenke und Muskeln bei Stürzen größer, als bei der intensiveren Arbeit in der Reithalle. Warme Bekleidung, die besonders die Gelenke schützt, empfiehlt sich auch für Freunde des Fahrsports (Kutsche).
Dressurreiten bedeutet eine längerdauernde statische Belastung für die Wirbelsäule, Ausgleichsgymnastik ist hier dringend erforderlich!

Raika unter Martina Urhahn während einer Fuchsjagd 1989

Vorbereitung:
Haltungsschulung, Koordinationstraining, Rumpfmuskeltraining, Dehnen, dem Wetter angepaßte Ausrüstung, Lederstiefel mit rutschleichter Sohle, fixierte Reitkappen, Sicherheitsösen gegen das Hängenbleiben im Bügel, eventuell Fallübungen.

Luftsport

Der Luftsport entwickelt sich mit der Zeit immer mehr zu einer Breitensportart. Dies trifft besonders für den Segelflug zu. Piloten, die den Segelflug als Leistungssport betreiben, können durch gezieltes Konditionstraining ihre benötigte physische Leistungsfähigkeit für längere Wettbewerbsflüge steigern.
Der Rücken kann durch ein kleines Kissen gestützt werden, das zwischen Rücken und Schweißblatt des Fallschirmes gelegt wird und so die natürliche S-Form der Wirbelsäule stabilisiert.

Der Drachenflug, das Springen und das Gleitschirmfliegen stellen erhöhte Anforderungen an Rücken, Becken und Beine, besonders bei der Landung. Neben Krafttraining ist besonders vor kurzen Flügen das Aufwärmen mit Dehnübungen zu empfehlen.
Die Auskühlung der Beine bei Thermikflügen (längerdauerndes Fliegen in aufsteigenden Luftmassen) ist durch warme Bekleidung zu verhindern.

Vorbereitung:
Schultergürtel-, Rumpf- und Beinmuskeltraining, Dehnung, Ausgleichsgymnastik zur längeren statischen Belastung, geeignete Materialauswahl wie warme Kleidung, feste Schaftstiefel, blendfreie Brille

Torsten Bertram, Mitglied der Deutschen Nationalmannschaft der Junioren im Segelflug mit einem Motorsegler über einem Kalksteinbruch

Literatur

Anderson, B.: Stretching Deutsche Ausgabe, Fuldaer Verlagsanstalt (1982)
Ballreich, R.: Biomechanik der Leichtathletik, Enke Verlag (1986)
Lv.BG Südwestdtl.: Sportverletzungen und Sportschäden, BG-UMed 72
Blum, B., Wölzenmüller, F.: Stretching: Bessere Leistung in allen Sportarten, Sportinform (1985)
Biener, K.: Unfälle beim Wasserskifahren, Dt. Zeitschrift für Sportmedizin 8 (1990)
Böhmer, D.: Sportverletzungen-Sportschäden, Thieme Verlag (1986)
Chlud, K.: Degenerative Gelenkerkrankungen Epidemiologie, Pathogenese, Diagnostik und Therapie 95. Tagung der Deutschen Gesellschaft für Innere Medizin, Wiesbaden (April 1989)
Dirix A., Knuttgen H.G., Tittel K.: Olympia Buch der Sportmedizin, Deutscher Ärzte Verlag (1989)
Eitner, D., Kuprian, W., Meissner, L., Ork, H.: Sportphysiotherapie, G. Fischer Verlag (1990)
Fleiß, O.: Unsere Wirbelsäule, Ehrenwirth Verlag (1988)
Fröhner, G., Neumann, Th., Abendroth, K.: Zuviel Belastung nehmen die Knochen übel, TW Sport und Medizin (1/1991)
Grifka, J.: Die Trittspur als wichtiges Hilfsmittel, Med. Orth. Tech. 108, Gentner (1988)
Hennig, E.: Die altersabhängige Entwicklung der kindlichen Fußstruktur, Forschungsbricht Salamander AG (1989)
Hess, H., Steinbrück, K.,: Umdenken im Freizeitsport? Yiatros, Sportverletzungen, Luitpold
Hipp, E.: Orthopädie im Wintersport, Dt. Zeitschrift f. Sportmedizin (12/1990)
Hoffmeister, H.: Sportliche Aktivität in der Prävention, Bundesgesundheitsamt (1989)
Hörterer, H.: Unfälle auf der Skipiste, Yiatros Orthopädie 6 (1991)
Jagow, U.: Sportphysiotherapie für die Praxis, O. Haase Lübeck (1985)
Jacobson: Progressive Muskelentspannung, University of chicago Press (1938)
Jung, K.: Belastungsprofil im Langstreckenlauf aus sportmedizinischer Sicht, TW Sport und Medizin 3 (1991)
Jung, K.: Auf die Ernährung kommt es an, TW Sport und Medizin 2 (1990)
Jungmichel, D.: Sport in der Therapie und Rehabilitation nach Verletzungen der Wirbelsäule. Med. Sport 30 (1990)
Kern, H.: Möglichkeiten moderner Physiotherapie, BG-UMed 70 (1989)
Kibele, A.: Die Aktivierungscharakteristik der Beinstreckmuskulatur an unterschiedlichen Krafttrainingsgeräten, Dt. Zeitschrift für Sportmedizin Nr. 10 (1990)
Krämer, J.: Bandscheibenschäden, Vorbeugen durch Rückenschule, Heyne Verlag (1991)
Krämer, J.: Bandscheibenbedingte Erkrankungen, Thieme Verlag (1986)
Kreuzriegler, F., Gollner, E.: Hilfe nach Sportverletzungen, Sportinform (1990)
Kügelgen B., Hillemacher A.: Problem HWS, Aktuelle Diagnostik und Therapie, Springer Verlag (1989)
Laser, T.: Lumbale Bandscheibenleiden, W. Zuckschwerdt Verlag (1988)
Liesen,: Wie gefährlich ist Fußballspielen? Sportmedizin aktuell, Tropon 3 (1990)
Life Time: Die gute Figur, Muskeln bilden und stärken, Der gesunde Körper, Ausdauertraining, Life Time Bücher Amsterdam
de Marees, H.: Sportphysiologie Medizin von heute, Tropon (1981)
Molcho, Sammy: Körpersprache, Mosaik Verlag (1983)
Müller-Gutjahr, R.: 11 wohlgemeinte Ratschläge zur förderlichen Entwicklung der Befüßigkeit beim Gehen im beschwerlichen Gelände, Info Klinik Gut St. Moritz
Müller Wohlfahrt, H.W.: Süße Pille Sport-Verletzt, was nun? Medical concept (1984)
Nachemson, A.: The effects of forward leaning on lumbar intradiscal pressure. Acta Orthopaedica Scandinavia 35 (1965)

Nachemson, A.: Back school and chronic low back pain. Referat auf der 74. Tagung der Dt. Ges. für Orthopädie u. Traumatologie, Saarbrücken (1988)

Nentwig, C. G. und Czolbe, A. B.: Willi Wirbel bewegt sich richtig. Grundschule 1 (1990)

Nentwig, C. G: Steigerung der Compliance bei der Änderung des Bewegungsverhaltens. Orthopädische Praxis 26 (1990)

Nentwig, C.G., Krämer, J., Ullrich, C.H.,: Die Rückenschule, Enke Verlag (1990)

Opitz, G.: Zur Biomechanik der Wirbelsäule unter Berücksichtigung des Wintersports, praktische Sporttraumatologie 1 (1990)

Paffenberger, R.S.: Sport und Lebenserwartung, Vortrag auf dem Symposium zum 65.Geb. von Prof. Dr. W. Hollmann, Sportmedizin aktuell 902

Pförringer W., Rosemeyer B., Bär H.-W.: Sport, Trauma und Belastung, perimed Verlag (1985)

Preibsch, M., Reichard, H.: Schongymnastik, BLV (1989)

Reinhardt, B.: Gesunder Rücken – besser leben, perimed (1989)

Rieder, H.: Möglichkeiten der Gesundheitserziehung im Sportverein Band 7, VUD Verlag (1989)

Riel, K.-A.: Seniorensport-Krafttraining bei Frauen, Gesundheitssport und Sport-Therapie (Sept./Oktober 1990)

Rost, R.: Sport und Diät, Münchner Medizinische Wochenschrift 15 (1990)

Rost, R.: Herz und Sport, perimed Verlag (1984)

Sarnow, J., Mißler, W.: Physikalische Therapie in der Orthopädie, Echo Köln

Schober, H., W. Kraft. G.: Beitrag zum Einfluß verschiedener Dehnungsformen auf das muskuläre Entspannungsverhalten des m. quadriceps femoris., Med. Sport 30 (1990)

Schoberth, H.: Mehr Freude am Sport, Heyne Verlag (1980)

Schoberth, H.: Modernes Krafttraining als Ergänzung zur Rehabilitation, RK-Sportgeräte (1978)

Schöning: Bewegungstherapie im Wasser, G. Fischer Verlag (1988)

Schwarz, B. et al: Degenerative Wirbelsäulenerkrankungen, Med. Welt 40 (1989)

Spring, H.: Dehn- und Kräftigungsgymnastik, Thieme Verlag (1988)

Ullrich, C.H.: Rückenschule, Pat.informationsbroschüre, Keltikan Service Programm, Fa. Trommsdorff (1989)

Ullrich, C.H.: Knieschule, wissenschaftliches Serviceprogramm, Fa. Brenner (1991)

Ullrich, C.H.: Schulterschule, Patienteninformationsbroschüre (in Vorbereitung)

Williams, J.G.P.: Farbatlas der Sportverletzungen, Geigy (1988)

Dr. med. Carl-Heinz Ullrich,

geb. am 2.9.1950 in Fulda, Studium in Bonn, Louvain, Frankfurt und Düsseldorf. Facharztausbildung in Hachenburg, Volmarstein, Ratingen und Lahnstein.
Zusatzausbildung: Sportmedizin und Akupunktur. Seit 1983 niedergelassener Orthopäde in Mettmann. Seit 1972 wissenschaftliche Zusammenarbeit mit Prof. Dr. C. G. Nentwig auf dem Gebiet der Verhaltenstherapie und Verhaltensmedizin. Entwicklung und Weiterentwicklung verhaltensmedizinischer Programme wie Knieschule, Schulterschule und Rückenschule. Zahlreiche Kongreßvorträge und Publikationen in wissenschaftlichen Fachzeitschriften, besonders auf dem Gebiet der Primären und Tertiären Prävention (Rehabilitation). Durchführung von Ausbildungsseminaren auf dem Gebiet der Orthopädie, Verhaltensmedizin, Neuraltherapie und Sportmedizin. Vorstand des Seminars Rückenschule e. V., Leiter des Arbeitskreises Orthopädie in der Deutschen Gesellschaft für Verhaltensmedizin, wissenschaftliche Leitung der jährlichen Zentraltagung der Rückenschulen und anderer medizinischer Fachtagungen und Seminare.